やって身につくカウンセリング練習帳

ピアヘルパー
ワークブック

特定非営利活動(NPO)法人
JECA 日本教育カウンセラー協会 編

学籍番号　　　　　　氏名

図書文化

まえがき

　よいピアヘルパーになるためには次の3つが必要です。
①ピアヘルパーについての知識を十分にもつこと。
②ピアヘルパーの活動を行う意志をもち実行できること。
③ピアヘルパーを好きになること。

　そこで，まずピアヘルパーについての知識を十分にもってもらうために，テキストである『ピアヘルパーハンドブック』の補助教材として，本書『ピアヘルパーワークブック』を準備しました。本書は講義の中で使われるだけでなく，学生が自学自習により理解できるように配慮してあります。内容の順序はハンドブックと一致していますから，ハンドブックを1節読んだらワークブックを1節練習するのが標準的な勉強法です。

　次に，先生の指導により，このワークブックを使って実技学習を行うのが理想的です。ピアヘルパーに関する知識を理解したり記憶したりすることも大事ですが，さらにその知識を実際に使えることも大切です。「計算ができる」とは，実際に買い物をしてお金を払い，お釣りがまちがいないと確認できることです。同様に，親切にすることがよいと知っていても，実行できなければ宝のもちぐされです。

　そして，知識を実行に移すには練習が必要です。練習して身につけた行動は「スキル（技術）」と言います。たとえば，自動車を運転するためには運転のスキルが上手にならなければなりません。ピアヘルパーに必要な技術（スキル）を練習するためにつくったのが，この『ピアヘルパーワークブック』です。

　授業の復習として，また授業では扱いきれなかった部分について，友達と協力して自習してみてください。2人以上が集まれば練習できます。なれると自分たちだけで練習できるようになります。そのために，内容はていねいに書いてあります。もしもわからない語句，理解しにくい文章があったら，友達に聞いたり，先生に質問してみてください。

　ピアヘルパーの資格をとるためには2つの条件があります。1つは日本教育カウンセラー協会が実施する認定試験に合格することです。この試験は全国一律のもので，試験方法はペーパーによりますから，受験生の知識を中心とした試験になります。もう1つは，各学校で決められた所定の授業単位を取得することです。授業を通して実技の養成と評価が行われるわけです。したがって，ピアヘルパーの資格は「知識」と「実技」が総合的に評価されます。認定試験に合格しても，実技が伴わないと有名無実になります。

　では最後に，ピアヘルパーを好きになるには，どうしたらよいでしょうか？

　理屈で好きにすることはまれにありますが，ふつうは理屈だけで感情を変えることは困難です。たとえば，私のゼミの大学生に牛乳の嫌いな学生がいました。その学生は，卒論で「なぜ自分は牛乳が嫌いか」を研究しました。小さいときから嫌いだったそうです。嫌いな原因は，その味か，においか，色かを調べるために，目かくしして飲んだり，鼻をつまんで飲んだり，コーヒーを混ぜて飲んだりと苦労しましたが，結局のところ，好きにはなりませんでした。

　ピアヘルパーを好きになるためには，実習を通してよさを感じるのがいちばんだと思います。ヘルパー役をして人を援助したときの気持ちのよさを体感したり，ヘルピー役（援助される役）になって援助されたときの気持ちよさを体感したりするうちに，ピアヘルパーのよさがわかってくるでしょう。

　このワークブックを活用して，みなさんがピアヘルパーを好きになることを期待しています。

　　　　　　　岸　俊彦（日本教育カウンセラー協会常任理事・明星大学名誉教授・文学博士）

ピアヘルパーとは何か

「ピア」とは仲間,「ヘルパー」とは人の助けをする人,そして「ヘルピー」とは助けられる人のことです。そこで,ピアヘルパーとピアヘルピーは「助けたり,助けられたりする仲間」ということになります。

カウンセラーといわずヘルパーと称するのは,次の2つの考えからです。

第一に,カウンセラーはカウンセリングを受けにくる人(クライエント)を助ける立場ですから,クライエントからカウンセリングを受けることはありません。ところが,ヘルパーはヘルピーにヘルピングをしてもらうことが,きわめてありうるのです。つまり,カウンセラーやクライエントのように役割が固定化していないのが,ヘルパーとヘルピーの関係です。たとえば山田さんは,バイト先の店長と折りあいの悪い鈴木君の相談相手にもなりますが,鈴木君にノートを貸してもらうこともあります。「昨日の敵は今日の友」ということばがありますが,「昨日のヘルピーは今日のヘルパー」です。何しろ仲間同士だからです。

第二に,カウンセラーは職業ですから,たとえクライエントから「今夜,酒を飲みませんか。その席でお話ししたいことがあるのですけど……」と声をかけられても,「来週の面接のときに話を聞きますから」と断ります。しかし,ピアヘルパーは職業ではないので「じゃあ,今夜,駅前で待っているね」と言えます。つまり,ピアヘルパーはカウンセラーほどにしばられない個の自由があります。ただし,守秘義務を守ることやヘルピーを利用しないことなど,倫理があることはテキストに説明したとおりです。

ヘルパーがカウンセラー然として「来週の面接時に……」と言うようになったら,人間味のとぼしいヘルパーになりつつあると自分自身で用心したほうがよいと思います。ヘルピーの誘いにのりたくないのなら,正直に「今日は飲める状態ではないんだ」と言えばよいわけです。

では,ヘルパーとカウンセラーの共通点は何でしょうか。相手と接するときの3つの原理が共通しています。①リレーションをつくる(お互いに心がふれあう)。②何が取り組むべき問題かについて,お互いが共通認識(同意)している。③これからどうしたいか,どうすればよいかの最終決断は相手にまかせる(アドバイスの無理強いをしない。ただし,自殺・他殺・虐待の場合は例外)。

ところで,みなさんはピアヘルパーの資格取得をめざして学習しているわけですが,資格を取得することには2つの意味があります。第一に,自分のためになります。たとえば,昔,日本の文化では「元服」(イニシエイション＝儀式)を通して「自分は大人になった」という意識をもちました。大人になるとは稚心を去るということです。「稚心を去る」とは,幼児性・依存性から自主的・援助的になるということです。ピアヘルパーになるということは,「人からみて依存の対象になる人間になろう」と決心するイニシエイションだと思います。人の面倒をみることによって,自立の人になろうとすることです。

人のためになるとは,ヘルパーという役割を通して「有縁を度す(隣人を愛する)」ことです。現代人は心のふれあいが少なくなりつつあります。この感情交流のない(impersonal)キャンパスに,人間味のある風土を育てようというのが,ピアヘルパーの資格取得の第二の意味だと考えます。

最後に,ピアヘルパーは終生有効な資格です。それはどのような職についても,また老いて職を引退しても,この資格が自分の生きる支えになるであろうという意味です。ピアヘルパーの思想は「われ人と共にあり」です。つまり,「自分はひとりで生きているわけではない。相互のかかわりあい(interdependency)の中に生きているのだ」という意識が,生への意欲の源泉になります。

「われ人と共にあり」というピアヘルパーの思想が,あなたの今後の生き方の源泉になると思うのです。

國分康孝(日本教育カウンセラー協会会長・東京成徳大学教授・Ph.D.)

まえがき
ピアヘルパーとは何か

第1章 カウンセリング概論 ———7

第1章　カウンセリング概論（『ピアヘルパーハンドブック』1章）のまとめ ——— 8

構成的グループエンカウンター
　①リチュアルのエクササイズ　　10
　②エクササイズ1　バースディライン　　12
　③エクササイズ2　合わせアドジャン　　14
　④エクササイズ3　インタビュー　　16
　⑤エクササイズ4　他者紹介　　18
　⑥エクササイズ5　将来願望　　20
　⑦振り返り用紙　　22
　⑧リーダーの心得　　23

カウンセリング理論
　①自己理論　　24
　②精神分析理論　　25
　③行動理論　　26
　④論理療法の理論　　27
　　論理療法ワークシート　　28
　⑤その他の理論　　29
　⑥コーヒーカップ方式によるまとめ　　30

第2章 カウンセリングスキル ———31

第2章　カウンセリングスキル（『ピアヘルパーハンドブック』2章）のまとめ ——— 32

カウンセリングの言語的技法
　①「受容」の練習　　35
　②「繰り返し」の練習　　36
　③「明確化」の練習　　37
　④「支持」の練習　　38
　⑤「質問」の練習　　39
　⑥基本技法の総合練習　　40

カウンセリングの非言語的技法
　①非言語的技法〜ヘルピーについて〜　　41
　②非言語的技法〜ヘルパーについて〜　　42

ロールプレイ
　①ロールプレイとは　　43
　②ロールプレイ評価票　　44
　③ロールプレイのための話題づくり「自分」　　45
　④初回面接への導入のロールプレイ（ヘルピー用）　　46
　⑤初回面接への導入のロールプレイ（ヘルパー用）　　47

⑥対話上の諸問題への対処法　ロールプレイ⑴ ピアヘルパーとは何かを伝える　48
⑦対話上の諸問題への対処法　ロールプレイ⑵ ピアヘルパーの親近感　49
⑧対話上の諸問題への対処法　ロールプレイ⑶ 沈黙を生かす　50
⑨総合練習のロールプレイ　case1 父親との不仲　51
⑩総合練習のロールプレイ　case2 試験前にノートを借りまくる　52
⑪総合練習のロールプレイ　case3 友人がほしい　53
⑫総合練習のロールプレイ　case4 学校をやめたい　54

第3章　青年期の課題とピアヘルパーの留意点　55

第3章　青年期の課題とピアヘルパーの留意点(『ピアヘルパーハンドブック』3章)のまとめ―56

学業領域
①学業領域についてのグループワーク　58
②学業領域についてのロールプレイ　59

進路領域
①進路領域についてのグループワーク　60
②進路領域についてのロールプレイ　61

友人領域
①友人領域についてのグループワーク　62
②友人領域についてのロールプレイ　63

グループ領域
①グループ領域についてのグループワーク　64
②グループ領域についてのロールプレイ　65

関係修復領域
①関係修復領域についてのグループワーク　66
②関係修復領域についてのロールプレイ　67

心理領域
①心理領域についてのグループワーク　68
②心理領域についてのロールプレイ　69

グループワークシート(各領域共通)　70

第4章　テスト対策問題　73

練習問題　74
試験対策問題(選択式／記述式)　77
認定試験について　81

付録　83

役割カードを使ったロールプレイ　84
学習のあゆみ　90
索引　94

あとがき　97

第1章　カウンセリング概論

本章では，カウンセリングの理論と構成的グループエンカウンターについて学びます。

8	**1章のまとめ**
10	**構成的グループエンカウンター**
	リチュアルのエクササイズ
	エクササイズ1　バースディライン
	エクササイズ2　合わせアドジャン
	エクササイズ3　インタビュー
	エクササイズ4　他者紹介
	エクササイズ5　将来願望
	振り返り用紙
	リーダーの心得
24	**カウンセリング理論**
	自己理論
	精神分析理論
	行動理論
	論理療法の理論・ワークシート
	その他の理論
	コーヒーカップ方式によるまとめ

第1章 カウンセリング概論（『ピアヘルパーハンドブック』1章）のまとめ

構成的グループエンカウンターは，ピア（仲間）づくりを促進します。そして，ピアヘルパーがヘルピングを進めるときには，カウンセリングの理論について知っておくと役立ちます。『ピアヘルパーハンドブック』を参考に空欄をうめていきましょう。

1．構成的グループエンカウンター

(1) エンカウンターグループとは

　正直に思いのままを語りあおうという人間関係のことです。エンカウンターとは＿＿＿＿＿と＿＿＿＿＿の交流という意味です。エンカウンターグループにはフリートーキング方式とエクササイズ方式があります。

(2) 構成的グループエンカウンター（Structured Group Encounter：SGE）とは

　エクササイズ方式のエンカウンターグループです。グループにあたえられた＿＿＿＿＿（エクササイズ）を行ったあと，＿＿＿＿＿で互いに感想を述べあいます。ねらいは，＿＿＿＿＿と＿＿＿＿＿です。

　①エクササイズには次のようなものがあります。

　②エンカウンター実施の留意点は

　③エンカウンターを体験した感想を書きましょう。

2．カウンセリング

ピアヘルパーは，ヘルピングをするためにカウンセリングとはどんなものかを知っておく必要があります。ピアヘルピングは＿＿＿＿＿の日常生活版，または大衆化運動といえます。

(1) カウンセリングとは

　①カウンセリングの定義

　　＿＿＿＿＿を通して＿＿＿＿＿を試みる＿＿＿＿＿

　②カウンセリングの略史

　　＿＿＿＿＿，＿＿＿＿＿，＿＿＿＿＿の3つがカウンセリングの起源。

　③カウンセリングの必要性

　　カウンセラーを必要とする社会には次の4つの特徴があります。

　　(1)　　　　　(2)　　　　　(3)　　　　　(4)

第1章 カウンセリング概論

(2) カウンセリングの種類

目的別／対象別／方法別／トピック別／領域別／理論別に整理できる。

① カウンセリングの理論にはどんなものがありますか？

[　　　　　　　　　　　　　　　　　　　　　　　　　　　　　]

(3) 最近のカウンセリングの動向

日本のカウンセリングの初期は，精神分析理論と自己理論が主でした。そこから変化し，現在の主流となりつつあるカウンセリングの動向4つをあげてください。

| (1) | (2) | (3) | (4) |

3．ピアヘルピング

ピアヘルパーのピアとは[　　　　]，ヘルパーとは[　　　　　　]，ヘルピーとは[　　　　]という意味です。つまり，仲間同士で助けたり助けられたりする関係のことです。

(1) ピアヘルピングの関係領域

① ピアヘルパーとプロのカウンセラーの違いは何ですか？

[　　　　　　　　　　　　　　　　　　　　　　　　　　　　　]

② ピアヘルピングの関係（隣接）領域にはどんなものがありますか？

[　　　　　　　　　　　　　　　　　　　　　　　　　　　　　]

(2) ピアヘルピングのプロセス

① ピアヘルピングの3つの段階を図示してください。

[　　　　]　　　　　　　　　　　　　　　　　　[　　　　]

↓　　　　　　　　　　　　↑

[　　　　]

これを[　　　　　　　　　　]方式といいます。

(3) ピアヘルパーのパーソナリティ

ピアヘルパーのイメージは「旅の道づれ」です。相手にとって負担にならず，自分自身も道づれになることが負担にならない人がらの条件を4つあげましょう。

[　　　　　　　　　　　　　　　　　　　　　　　　　　　　　]

リチュアルのエクササイズ

握　手

> リチュアル（ritual）とは儀式のことです。エンカウンターを開始するとき，毎回，握手から入るようにします。そうすると，そのことだけでふれあい回復の方法であるエンカウンターが促進されるからです。

ねらい	エンカウンター開始の儀式を行う
時　間	3分程度
場　所	机とイスが片づけられるスペースを選ぶ。 参加人数の1.5倍以上の収容人数の部屋を確保する。
準　備	ストップウオッチか腕時計
概　要	前後左右の人と，「〜学科の〜です。よろしく」と名乗りながら握手する。

リーダーの指示

- それでは、いまから構成的グループエンカウンターを始めます。
  最初にリチュアルのエクササイズを行います。それは「握手」です。
- ねらいはエンカウンター開始の儀式をすること。つまり、握手（スキンシップ）によってエンカウンター（ふれあい）を促進することです。
- では、全員立ってください。
  前後左右の人から始めて、できるだけ多くの人と握手をしてください。
  このとき、お互いに「〜学科の〜です。よろしく」と言いあいます。
- ところで、どうしても握手が苦手な人は無理に握手をしないでください。
  握手が苦手な人は「〜学科の〜です。よろしく」というあいさつだけでもかまいません。
  時間は3分です。
- では、始めてください。

（時間が来たら終了する。）

> 自分がリーダーになる場合は、これらのことに気をつけて、メンバーをよく観察するようにしましょう。

リーダーの視点

積極的に握手をしている人、反対に消極的な人、握手をしていない人をよく観察する。
ただし、それぞれの人のあり方をありのままに受け入れて、価値判断をしない。
たとえば、握手していない人を「非協力的な人」と解釈したりしない。
何度も繰り返すうちに、それぞれの人がどのように変容するかを観察するようにする。

本章では、構成的グループエンカウンター（SGE）のエクササイズを紹介します。リチュアルのエクササイズ1つと、短いエクササイズ5つです。これらはつづけて実施すると効果的になるように配列してありますが、1つだけをピックアップして行うことも可能です。

構成的グループエンカウンター②

エクササイズ 1

バースディライン

ねらい	子ども心（むじゃきな心）を出しあう
時　間	10分程度
場　所	机とイスが片づけられるスペースを選ぶ。 参加人数の1.5倍以上の収容人数の部屋を確保する。
準　備	ストップウオッチか腕時計
概　要	適当な並び順で全員で輪になる。 ことばをかわさずに、ジェスチャーだけで誕生日の順に並びかえる。

リーダーの指示

- 次に「バースディライン」というエクササイズを行います。
  ねらいは，子ども心（むじゃきな心）を出しあうところにあります。
- まず，全員で一重の円をつくってください。
- さて，いまから誕生日順に並び方をかえます。リーダーの右隣から順に，1月1日生まれの人から並ぶようにします。リーダーの左隣が12月31日となります。同じ誕生日の人がいたら，その人同士で順番を決めてください。
- ルールを説明します。2つあります。
  (1) ことばは使わないでください。ジェスチャーで自分の誕生日を示します。
     POINT リーダーは自分の誕生日をジェスチャーで例示してみせる。
  (2) まだよく知りあっていない人に触れられるととても緊張します。そこで，自分以外の人には触れないでください。
  以上です。何か質問はありますか。
- では，始めてください。
  POINT リーダーはメンバーの間をまわって様子を観察する。
- バースディラインが完成しましたね。では，確認してみましょう。
  私（リーダー）の右隣りの人から確認していきます。自分の誕生日を言っていってください。
  POINT もしまちがった人がいたら正しい場所に移動してもらう。ただし，まちがった人が恥ずかしくてその場にいたたまれなくなってはこまるので，たとえばまちがった人を次のようにフォローする。「いま，まちがった人がいたおかげで，この場の雰囲気がとてもなごみました。まちがった人に，雰囲気がなごむきっかけをつくってくれてありがとうの感謝の拍手をしてください」
- 最後に，リーダの右隣から2人ずつ組になって，このエクササイズを体験して「いまここで」感じていること，気づいたことをわかちあいます。時間は2分です。では，始めてください（人数によっては最後が3人組になることがある）。

（時間が来たら，「はい，そこまでです」と言って終了する。）

> 自分がリーダーになる場合は，これらのことに気をつけて，メンバーをよく観察するようにしましょう。

リーダーの視点

率先して行動する人，反対にじっくりと様子をみて動かない人など，行動の特徴を観察する。2人によるわかちあいのときは，声が大きくなったり同じ動作をしているグループがいるかを観察する。こうした非言語によるコミュニケーションがさかんになされていると，心理的距離も近づいてきたと考えてよい。

〔参考文献〕國分康孝監修『エンカウンターで学級が変わる ショートエクササイズ集』図書文化 P110

構成的グループエンカウンター③

エクササイズ 2

合わせアドジャン

ねらい	子ども心（むじゃきな心）を出しあう
時　間	5分程度
場　所	机とイスが片づけられるスペースを選ぶ。 参加人数の1.5倍以上の収容人数の部屋を確保する。
準　備	ストップウオッチか腕時計
概　要	2人組になり，2人で同時に1～5までの数字を指で示す。 相手に合わせて，時間内にできるだけ同じものを出す。

第1章 カウンセリング概論

> **リーダーの指示**

- 次に「合わせアドジャン」を行います。
 ねらいは, 仲間づくりとコミュニケーションの促進です。
- まず, 2人組をつくります（「バースディライン」の2人組をそのまま使ってもよい。人数によっては3人組になるところに配慮する）。
- 次に, 2人で数字を合わせるジャンケンを行います。
 ジャンケンはグーがゼロです（リーダーは指で例示する）。
  指1本＝1, 指2本（チョキ）＝2, 指3本＝3, 指4本＝4, 指5本（パー）＝5。
 2人で次々に指で数字を出していって, 時間内に何回合うかを数えます。
 この合わせアドジャンは勝ち負けを競うものではありません。相手のことを考え, 相手に合わせるジャンケンです。時間は1分30秒です。
- ルールは, 2人で声を合わせて「アドジャン」と言う, これだけです。
  POINT リーダーはメンバーの1人と実際にアドジャンをしてみせる。
 質問はありますか。では, 始めてください。
  POINT リーダーはメンバーの間をまわって様子を観察する。
- （1分30秒後）では, わかちあいを行います。アドジャンをして, いまここで感じていること, 気づいたことを3分間, わかちあいます。たとえば, 数字が合わなくてくやしかったとか, 合ったときとてもうれしかったとか感情もわかちあいます。では, 始め。

（時間が来たら,「はい, そこまでです」と言って終了する。）

> 自分がリーダーになる場合は, これらのことに気をつけて, メンバーをよく観察するようにしましょう。

> **リーダーの視点**
> 非言語を中心に観察する。数字が合ったときの歓声やリアクションのとりかたが大きくなってきたら心理的距離が近づいてきたと考えてよい。また防衛（かまえ）がとれてきていると判断してよい。

〔参考文献〕國分康孝監修『エンカウンターで学級が変わる ショートエクササイズ集2』図書文化 P38, 82

構成的グループエンカウンター④

エクササイズ 3

インタビュー

ねらい	他者理解（好意の関心を質問にかえて伝える）
時　間	10分程度
場　所	人数分のイスを用意して，2人組が向き合ってすわれるようにする。参加人数の1.5倍以上の収容人数の部屋を確保する。
準　備	ストップウオッチか腕時計
概　要	2人組になり，3分交代で相手のことをインタビューしあう。

第1章 カウンセリング概論

リーダーの指示

●次に、インタビューを行います。
　ねらいは、他者理解です。
●さきほどアドジャンをした2人組で行います。それでは、2人で自由に場所を決めてイスにすわってください（3人組ができる場合に配慮する）。
●さて、いまからパートナーをよりよく知るためにインタビューをします。まず、インタビューをする人と受ける人の役割を決めてください。ジャンケンでも話し合いでもかまいません。時間は1人3分です。3分たったらリーダーが合図をしますから、役割を交代します。質問は一問一答です。インタビューされる人は、すべての質問に答える必要はありません。答えたくない質問には遠慮なく「いまは答えたくありません」と言ってください。ただし、これからインタビューする内容は、あとでほかの人に紹介してもらいます。そのための取材インタビューでもあります。
●インタビューは、たとえばこんなふうにします。

　　POINT　リーダーはメンバーから1人を選んで、閉ざされた質問（「はい」と「いいえ」で答えられるような質問）の例を示します。こうすると相手は答えやすくなります。

●何か質問はありますか。では、始めてください。
●はい、そこまで。3分たちました。役割を交代して始めてください。
●はい、そこまで。このエクササイズを体験して、いまここで感じていること、気づいたことをわかちあってください。時間は3分です。では、始めてください。

（時間が来たら、「はい、そこまでです」と言って終了する。）

> 自分がリーダーになる場合は、これらのことに気をつけて、メンバーをよく観察するようにしましょう。

リーダーの視点

インタビューしている人々の間をまわりながら様子を観察する。とくに2人のイスの距離に注意する。身体的距離は心理的距離を表すことを念頭に観察する。ただし、2人の距離が離れていても否定的にとらえない。2人の現在のあり様が現われていると考える。リーダーはエンカウンター体験を通して、この2人の距離がどう変化するかに着目してエンカウンターを進める。

〔参考文献〕國分康孝監修『実践サイコエジュケーション』図書文化　P70

エクササイズ 4

他者紹介

ねらい	他者理解
時　間	15分程度
場　所	人数分のイスを用意し，4人ずつ固まってすわれるようにする。参加人数の1.5倍以上の収容人数の部屋を確保する。
準　備	ストップウオッチか腕時計
概　要	インタビューの2人組を2つ合わせて4人組をつくる。インタビューした相手のことを，新しく同じグループになった2人に紹介する。

第1章 カウンセリング概論

リーダーの指示

● つづいて「他者紹介」を行います。
　ねらいは、他者理解です。
● では、さきほどインタビューしたときの2人組をくずさずに4人組をつくります（全体の人数によっては5〜6人組になるところができる）。
● 4人の順番を決めます。「したい人」から始めてください。
● 1番目の人は、自分のパートナーの人を新たな2人組に紹介します。さきほど3分間でインタビューした内容を、1分間で紹介します。紹介されている人は、黙って紹介されていてください。
● ただし、紹介者がこまっているようでしたら助け舟を出してあげてください。
　たとえば、こんなふうに紹介します。
　　POINT　リーダーはさきほどインタビューした人を紹介してみせる。
　質問はありますか。
● では、他者紹介を行います。リーダーがタイムを知らせます。リーダーの指示にしたがって進めてください。では、始め。
　　POINT　リーダーは1分ごとに「はい、そこまでです。次の人どうぞ始めてください」とアナウンスする。
● （全員が終わったら）では、わかちあいを行います。他者紹介をして、いまここで感じていること、気づいたことを5分間、わかちあいます。では、始め。

（時間が来たら、「はい、そこまでです」と言って終了する。）

> 自分がリーダーになる場合は、これらのことに気をつけて、メンバーをよく観察するようにしましょう。

リーダーの視点

紹介されているときの、聞き手の非言語に注意する。2人が同じタイミングでうなずいたりしているときは、グループのリレーションが深まっていると考えられる。また、紹介されている人の表情にも着目する。にこやかに紹介されているか苦しそうかを見るようにする。苦しそうな人のいるグループには、わかちあいでの自己ピーアールや訂正の機会を与えるようにする。

〔参考文献〕國分康孝監修『エンカウンターで学級が変わる 小学校編』図書文化 P160

エクササイズ　5

将来願望

ねらい	自己開示
時　間	20分程度
場　所	人数分のイスを用意し，4人ずつ固まってすわれるようにする。参加人数の1.5倍以上の収容人数の部屋を確保する。
準　備	ストップウオッチか腕時計
概　要	他者紹介を行った4人組で行う。「これからの人生でしたいこと」を思いつくままに1人1分ずつ話す。残りの3人は傾聴する。

> リーダーの指示

● 最後に「将来願望」を行います。
　ねらいは，自己開示です。
● さきほど他者紹介をした4人組で行います。
● さて，このエクササイズでは，「自分がこれからの人生でしたいと思うこと」を箇条書きの要領でメンバーに自己開示していきます。実現するかしないかにかかわりはありません。自分がこれからしたいと思っていることを次々に言います。時間は1人1分です。
● 聞いている人は，簡単な質問はしてもいいのですが，話している人の時間をうばわないようにしてください。どうしてもやりたくない人は「パス」と言ってください。
● メンバーの将来願望を聞いている人は真剣に聞いてください。けっして，自己開示をした内容を批判したりしてはしてはいけません。また，話した内容をほかの人に話さないでください。
　　(POINT) リーダーは将来願望を自己開示して，やり方の例を示す。
　何か質問はありますか。
● では，4人で話す順番を決めてください。ジャンケンでも話しあいでもかまいません。
● 決まりましたか。リーダーがタイムキーパーになって時間を知らせます。では，始め。
　　(POINT) リーダーは1分ごとに「はい，そこまでです。次の人どうぞ始めてください」とアナウンスする。
● （全員が終了後）では，わかちあいを行います。将来願望を自己開示してみて，またメンバーの将来願望を聞いてみて，いまここで感じていること，気づいたことを5分間わかちあってください。では，始め。

（時間が来たら，「はい，そこまでです」と言って終了する。）

....

　　(POINT) 一連のエクササイズが終了したら，全体の振り返り（シェアリング）を行う。
● 最後に，今日の構成的グループエンカウンター全体を通して，感じたこと・気づいたことをいまの4人組でわかちあいます。時間は5分間です。その後に，グループで出た意見を代表の人が全体に発表してください。発表者は自分の名前を言ってから，発言してください。

（時間が来たら，各グループを順に指名して全体への発表を求める。）

> 自分がリーダーになる場合は，これらのことに気をつけて，メンバーをよく観察するようにしましょう。

> リーダーの視点
> 全体のわかちあいでは，メンバーの発言を，肯定的にほかの全員に返すようにする。

〔参考文献〕國分康孝著『エンカウンター』誠信書房 P101

振り返り用紙

　　　　　今日の構成的グループエンカウンターを振り返りましょう。

1．今日のエクササイズをやってみてどうでしたか？

2．一緒に活動した人たちとふれあえた感じがしましたか？

3．自分のことで気づいたこと，感じたことがありましたか？

4．全体を通して思ったこと，感じたことを自由に書いてください。

構成的グループエンカウンター⑧

リーダーの心得

ピアヘルパーが構成的グループエンカウンターのリーダーを務める場合は，自身がピアヘルパーの実践者であることを心得てください。つまり，「旅の道づれ」のモデルとしてリーダーを務めてほしいのです。そして，自分自身も自己開示しながらエンカウンターを楽しんでください。

❶ 自分の体験したエクササイズを実施する

自分が体験したエクササイズの中から，楽しかったもの，気づきが多かったものを選んで実施すると，自分も楽しくできますし，新たな気づきが生まれます。エンカウンターのリーダーは，自分もメンバーの1人として，メンバーから多くのことを学び，気づきます。進行役をしながらも，自分もその場に共にわかちあいながら参加していることを忘れないようにしてください。

❷ スタートは体育祭や学園祭の実行委員長のつもりで，メンバーをひっぱっていくようにする

「さあ，私についてらっしゃい！」の心意気を示しながらグループをリードします。スタート段階のメンバーには，照れや恥ずかしさがあります。リーダーはそれを越えてグループをひっぱっていく必要があります。それは，山岳部のリーダーが，ときにシェルパとなって山道を案内しながら，メンバーを未知の世界に誘うような心意気です。

❸ メンバーとリーダーが共につくり上げるようにする

グループをリードするのはあなた（リーダー）です。リーダーはグループに対して，ねらいを達成する責任をもっています。そのためにはメンバーの力を借りることも必要です。すべてを自分一人の力でやろうとしないで，メンバーとリーダーが共につくり上げていくようにします。

❹ ルールの確認を忘れないようにする

グループが活動するときに大切なことは，ルールを守ることです。ルールが守られないと一人一人が勝手な動きをしてしまい，ねらいが達成できなくなります。ルールどおりに活動が行われていないときは，いったん活動を中止し，ルールを確認してから再スタートしてください。

❺ 緊張しながらでいいから，リーダーとしてやるべきことをやる

リーダーは導入において，ねらいの説明，活動内容の説明，活動内容の例示，ルールの確認，参加の有無の確認を行います。活動中は，メンバーの動きによっては介入して，ルールの再確認をしたりします。わかちあいの場面では，メンバーの活発なわかちあいが促進されるように，リーダーも自己開示します。こうした場面は緊張すると思います。緊張しながらでいいですから，リーダーとしてやるべきことをやるようにします。

❻ 参加者から何がもらえるか楽しみにしながら実施する

エンカウンターのリーダーは，参加者からたくさんのものをもらうことができます。それは，具体的なスキルであったり，新たな視点や考え方であったり，生き方やあり方に関するものであったり，さまざまです。リーダーは，メンバーから何がもらえるのか，何を学ぶことができるのか楽しみにしながら実施します。メンバーから教えてもらえること，学べることを楽しみにしながら実施してください。

カウンセリング理論①

自己理論

カール・ロジャーズは自己理論を使って来談者中心療法を理論化しました。その後，来談者中心療法は，パーソンセンタードアプローチという考え方に発展していきました。

> ロジャーズが「自己理論」をもっと一般的にわかりやすいことばにしたいと望んだために，この名称がつけられたといわれています。相談に来た人の体験に忠実になり，共感・一致・無条件の肯定的配慮を行い，自己実現をうながすものです。

(1) 自己実現

自己理論では，人間にはよくなる力が内在していると考えます。人間は生物的（有機体）であるので，先天的な傾向をもっています。この先天的傾向とは，成長への傾向，自律性への傾向など，ポジティブな方向へと自分を成長させていく自己実現への傾向なのです。このように人間にはあらかじめ力がそなわっているので，ものごとを判断する際には，頭だけで判断するのではなく，体で判断せよということなのです。ホンネは体感によって知りうるのです。

★人前で話すとき，「全然あがらない」と言っているのに足がふるえている人は，心と体の理解がバラバラで，体の感じに気づいていないと考えられます。

(2) 自己概念

自己概念とは「私とはこのような人間である」という自分についてのイメージや思いこみのことです。自己概念はパーソナリティ（行動様式）と関係があり，自己概念を変容させれば行動様式が変わると考えられます。自己概念は育つ過程で経験によってつくられるのですが，一度つくられるとなかなか変化しにくいです。自分でつくった自分のイメージは変えがたいのです。

★自分は「運動ができない人間」と自己概念をつくってしまうと，短大の球技大会で活躍しても「むちゃくちゃに投げたらたまたまシュートが入っただけ」と自己概念を守ろうとするのです。

(3) 自己一致

事実に則した自己概念をもつことです。「あるがままの自分」と「思いこみの自分」とが一致することです。ほかの人にどう思われるか気にしないで，自分のほんとうの気持ちにしたがって行動することです。感情と行動が一致していることです。

★たとえば，「私は運動ができない人間だ」と考えるのではなく，事実を見つめてみるのです。そうすると「走ることやマラソンは得意ではないが，球技は案外できる」と思えるでしょう。シュートがきまったら心からよろこべるようになるのではないでしょうか。自分がよろこびたいときによろこぶ，泣きたいときに泣く，これが自己一致なのです。

理解のポイント

ピアヘルパーは，面接するというより相談にのることを心がけるとよいでしょう。この理論を提唱するカウンセラーの3つの態度条件は，ヘルピーとのリレーションづくりに役立ちます。

- 共感的理解……………来談者の気持ちになって感情を共に理解すること。
- カウンセラーの　　　　カウンセラーのかかわり方にいつわりがなく，ありのままの存在であること。
  一致性・純粋性
- 無条件の肯定的配慮……来談者の話を，評価（よい・悪い）せずに聞くこと。

カウンセリング理論②

精神分析理論

ジグムント・フロイトによって創始されました。人間の無意識に対する独特の探求方法です。この理論は，幼少期の体験が性格を形成すること，無意識があらゆる行動の原動力になることがおもな考え方です。

(1) 心の働き

意　識：（上部のほんの少し）気づいている心の動き（思考・感情・行動）。

前意識：（境目）意識と無意識の中間にあって，完全に気づいていないが，あえて自覚しようとすれば，自覚できるような心の動き。

無意識：（下部のほとんど）願望や恐れ，過去に受けたショックが含まれていて，すべてが覆いかくされているので，自分ではまったく気づいていない心の動き。

構造論ー心的装置（フロイト1933）
前田重治『図説 臨床精神分析学』誠信書房より

(2) 心の構造

健全な人間とは適度に3つのバランスがとれている人です。精神分析の目標のひとつでもあります。

エ　ス：生まれつき備わったもので，生まれたばかりの赤んぼうはエスの塊である。快楽原則で動いていて，飲み物・食べ物・快適を求めて，不快なものは避ける。

自　我：やがて世の中は自分の思い通りにいかないこともあることを知り，徐々に現実原則を考慮する部分が現れる。これを自我という。

超自我：トイレットトレーニングの頃に現れ始める。その後だんだん発達して思春期に成熟したものになる。超自我には道徳心や検閲機能がある。超自我は自我とエスの闘いを監視している。

★授業中に机の下でメールを打っている人はエスが強いのですね。自我や超自我機能はちゃんと働いていますか。

(3) 防衛機制

不快な考えや状況から無意識に自分を守る心の働きです。防衛機制が適切に行なわれれば人生の助けになりますが，必要以上に働くと問題が生じます。たとえば「友達と言いあいになり，心が傷ついた」とき，それぞれの防衛機制ではこんな反応になります。

抑　圧：自分にとって受け入れられない欲求や感情を意識から排除する。
　　　　　例　口論した友達がよくいる場所になんとなく行かなくなった。

合理化：自分の態度や行動を無理に自他に納得させる説明（言い訳）をする。
　　　　　例　「友達よりいまは勉強のほうが大切だからね」

> このほかに，置き換え・同一化・投影・反動形成・退行・感情転移・摂取・補償・昇華などがあります。

(4) コンプレックス

苦痛・恐怖感・羞恥心が自我によって心の奥（無意識）に押しこまれて形成される「心のしこり」。

エディプス・コンプレックス：子ども（4～5歳頃）が異性の親に愛着をもつ心理です。

★「お父さんに甘えた思い出はないからか，A男先生にはかまってほしくてついつい寄っていってしまうのよね」という人は，もしかしたらエディプス・コンプレックスをもっているのかもしれません。コンプレックスは，気づくことで意識的に行動できるので，トラブルが減少するのですよ。

> このほかに，カイン・コンプレックス，ダイアナ・コンプレックス，劣等コンプレックスなどがあります。

理解のポイント

精神分析理論は，ヘルピーの問題を把握するのに役立ちます。ピアヘルパーは，精神分析理論を治療方法として用いるのではなく，ヘルピーの理解を深める手段として用います。

カウンセリング理論③

行動理論

心理学を客観的・実験的な自然科学と考え，だれでも観察可能な「行動」を研究の対象にし，観察や測定を行うことを主張した理論のことです。

(1)条件反射理論（古典的条件づけ または レスポンデント条件づけ）

イワン・パブロフによって行われた，イヌの実験が有名である。

```
┌ イヌにえさをあたえる        →              唾液が出る（自然な生理現象） ┐
│ イヌにえさをあたえる → ベルを鳴らす → 唾液が出る                     │
└                      ベルを鳴らす → 唾液が出る（条件づけが成立）      ┘
```
　　　　　　　　　　　　　　　　※ベルのことを条件刺激，唾液を条件反射（反応）といいます。

★イヌが，首輪を持っただけなのにハアハア息をして散歩に行く体勢をとったりしませんか？　これが条件づけです。
　授業中に先生がそばにきたときドキドキしたりするのも，長年の学生生活の学習により条件づけられているのですね。

つまり，感情や欲求が高まると，人はそれを充足しようとして何らかの行動を起こすというものです。

(2)オペラント条件づけ（道具的条件づけ）

バルラス・フレデリック・スキナーは「オペラント条件づけ装置」を開発して実験しました。この装置にはレバーがあり，押すとえさが出てくる仕組みになっています。空腹のネズミを装置の中に入れると，偶然にレバーにあたり，えさが出てくることを知ると，レバーを押す行為を繰り返すというものです。

また，エドワード・ソーンダイクは，ネコを「しかけ箱」に入れて逃げ出すのにかかる時間を計りました。ネコは最初はさまざまな行動を試み，試行錯誤の結果，偶然ひもを引いて逃げ出すことに成功しました。すると，練習するうちに時間がかからずにすぐ逃げ出すことができるようになることがわかったのです（試行錯誤説）。

つまり，偶然よい結果をもたらせば，だれでもその行動を繰り返すというものです。

> よい結果とは，ほめられたり，ごほうびをもらったりすることですが，ごほうびをあたえる最適時間はなんと0.5秒以内だと言われています。つまりすぐにあたえないと効果がないのですね。同様にしかるときもその場でしからないと，いけないのです。

理解のポイント

行動理論はヘルピーの問題を解決する助けとなります。

行動理論では，人間は生まれたときは白紙であり，すべては後天的な条件づけの学習によるものだと考えます。したがって，問題のある行動は，①まちがった学習，②適切な学習の不足，③環境の不適切な刺激，に由来すると考え，それらを解決するプログラムをつくって学習させます。

★「授業で発表するときにどうしても緊張してしまう。言うことは全部覚えているのに，足がガタガタして話せなくなる」と相談されたら，ヘルパーとしてあなたはどうしますか？　たとえば次のような方法があります。

　①「クラスの人の前だと緊張するので，まずは2人で発表の練習をしてみない？」と提案してみる。ヘルピーの発表が終わったら，すぐほめてあげる。
　②もう少し人数を増やす提案をして，3〜5人ぐらいの前で発表してもらう。
　③実際に発表する教室に行って，教壇に立ってみる。
　④発表が終わったら，おいしいお昼ごはん（夕ごはん）を食べようね，とごほうびの約束をする。

あなたなら，どんな不安を減らす方法を考えますか？

カウンセリング理論④

論理療法の理論

論理療法はREBT（Rational-Emotive Behavior Therapy）といいます。アルバート・エリスによって創始された，認知の変容を中心とする考え方です。「認知」とは知的活動全体のことで，あるものを見たり・聞いたり・覚えたり・思い出したり・考えたり・価値を判断したりという受けとり方すべてを含みます。この理論では，反応は刺激によってのみ生じるのではなく，その人が刺激をどう解釈するかという受けとり方によって起こると考えられています。ではこの理論について説明しましょう。

(1) **基礎理論**……この論理療法理論を俗称ABC理論ともいいます。

| A　出来事（activating event） | その後の反応を起こす原因となる出来事
例：講義を聞いてノートをとるが，うまくまとめられない。 |

↓

| B　ビリーフ[考え方・受けとり方]（belief） | Aの受けとり方
例：聞きながらノートをまとめられない自分はだめ人間である。 |

↓

| C　結果（consequence） | 行動・感情・情動（感情より深い心の動き）
例：おちこんでしまった |

出来事（A）があると，心の中で（B）という考えが語りかけてきて，（C）という感情が起こります。しかし，同じ出来事が起こっても，いやな気分になるときとならないときがありますね。なぜでしょうか。じつは，Bには2つの種類があります。「ラショナル・ビリーフ」と「イラショナル・ビリーフ」です。

　　ラショナル・ビリーフ　：健康で論理的な考えのこと

　　イラショナル・ビリーフ：不健康で非論理的な考えのこと

では，さきほどの「聞きながらノートがまとめられない自分は能力がない」という考えは健康でしょうか。いいえ，これは不健康な考えでイラショナル・ビリーフです。たとえノートがうまくまとめられないという事実があったとしても，だめ人間とは言いきれません。鉄棒で逆上がりができないからといってだめ人間ではないのと同じです。

そこで，イラショナル・ビリーフをラショナル・ビリーフに変えるD（論駁）という方法があります。

(2) **D（Dispute）**

これは論駁（相手の意見や考え方の誤りに対して，すじみちをたてて述べる）のことで，問題となるイラショナル・ビリーフを明らかにし，それに変わるラショナル・ビリーフの使用を勧めることです。すじみちをたてて話し，その人の信念・思考スタイルを変化させることです。

　★例：だめ人間と考える理由はなんですか？　あなたにもすぐれているところがありますよね。それも含めて自分に
　　　　能力がないというのですか？　たとえばノートがうまくまとめられない面もある，とは考えられないですか？

いかがでしょうか。このように自分のイラショナル・ビリーフをラショナル・ビリーフに導くのです。

> **理解のポイント**
>
> 論理療法は，問題解決をする助けとなります。思考を変えることで行動も変わるのです。次のページに自分でできる論理療法のワークシートがありますから，ピアヘルパーは自分のもっている考え方（ビリーフ）を論駁してみませんか。新しい視点が生まれてくると思います。

カウンセリング理論④

論理療法ワークシート

下記の順に振り返ります

月　　日（　）　氏名

今日こんないやな気持ちがしたよ（C＝結果）

「イライラした」「腹が立った」「悲しい」「さびしい」など，感情を入れてくださいね

いやな気持ちにさせた出来事はこんなことだよ（A＝出来事）

上の感情がわいてきたときは，何があったのかを事実にそって書いてね

そのとき自分の頭の中ではこんなことを考えていたよ（B＝考え方・受けとり方[ビリーフ]）

いまどんなことを自分に言っているかな。「だめだ」とか「才能がない」とか……

もしあなたが友達から上のことを相談されたら
どんなことを言ってあげますか（D＝論駁（ろんばく））

いくつか浮かんだことを，箇条書きでいいので書いてみてくださいね

その他の理論

●実存主義理論
自分の世界観，意志，価値観，真実さを通して，体感している人生の現実経験こそが人生でいちばん大切なものであるという考え方です。実存主義の影響を受けたカウンセリング理論が3つあります。

①一人の人間としてのエンカウンター（ホンネの表現）を強調する立場で，クラーク・ムスターカスや後期のカール・ロジャーズです。

②不安が人間成長の契機になるとするロロ・メイの立場です。

③「生きる実感がない」「何のために生まれてきたのかわからない」という人に対して，生きる意味の発見を助言するヴィクトール・フランクルの立場です。

●ゲシュタルト療法理論
フリッツ・パールズによって始められました。エクササイズという能動的な働きかけによってその人の「いま，ここで」の自分への「気づき」を促進します。これにより，その人がいまだに理解できないでいる「気づき」を明らかにして，それらを統合する（まとめて一つにする）ことを可能にします（日本精神技術研究所発行のビデオ『グロリアと3人のセラピスト』のゲシュタルト療法を観ると，理解が深まると思います）。

●交流分析理論（TA）
エリック・バーンによって始められました。精神分析の基本理論を大衆化して受け継いだ理論と言われています。交流分析では次の3つの自我状態をそれぞれの円で示し，わかりやすく伝えます。

ペアレント（P）：親心　　アダルト（A）：おとな心　　チャイルド（C）：子ども心

このPACの境界が明確でないと，悩みが出てくると考えられています。「エゴグラム」という質問紙を使って，PACのバランスを表すことができます。

●現実療法理論
ウィリアム・グラッサーによって始められました。過去に焦点を当てるのではなく，現在満たされていない重要な人間関係に焦点を当てることによって問題を解決するというものです。この理論では，問題が生じる前提として次のようなことがあると考えます。

①悩みをもった不幸な人は，満足できる人間関係をもっていない。

②そこで人間関係を改善しようと，外部コントロール（ガミガミ言う・責める・文句を言う）を使う。

③まわりの人は外部コントロールの関係から逃れようとするから，さらに人間関係がうまくいかなくなる。そこで，外部コントロールを使わないあたたかい人間関係のなかで，相談者の問題を解決する。

●内観法理論
吉本伊信が開発した自己探究法です。自分にとっての過去の重要な人物について，年齢を追って次の3つの具体的な事実を調べます。

①人にしてもらったこと　②迷惑をかけたこと　③人にして返したこと

これによって，多くを人の世話になったのに自分がして返すことの少なさに気づき，迷惑をかけた自分を発見し，その結果，他者への責任転嫁をやめて自分の責任を認め，人生に意欲的になるというのです。

> **理解のポイント**
>
> これらの複数の理論を組み合わせて，自分なりに統合して実践する立場を「折衷主義」（eclecticism）といいます。ピアヘルパーとして，使いやすい理論になじむことは大切だと思います。

カウンセリング理論⑥

コーヒーカップ方式によるまとめ

コーヒーカップモデル（coffee cup model）は國分康孝（1979）によって提唱されたものです。このモデルは，カウンセラーが面接をする際に頭の中で描くもので，3段階に分かれています。ピアヘルパーもこのようなモデルをもっていると，ヘルピーから相談された際にあせらないですみます。

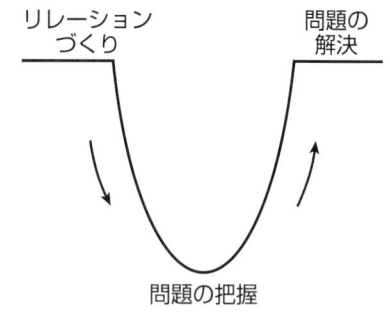

1. リレーションづくり

友達やサークルの先輩・後輩などに相談をされたら，まずはリレーションをつくります。

リレーションとは……感情交流と信頼感のある，かまえのない人間関係のことです。

どうやってリレーションをつくるの？

まず話を聞いてあげることです。相手の意見を素直に受けとめてあげることです。できれば，感情（つらかった・くやしかった・悲しかったなど）を聞いてあげられるといいですね。聞くだけで解決したりする場合もあるのですよ。

2. 問題の把握

リレーションができたら，相手の「悩んでいることは何か」「どうなりたいのか」という問題をつかむ段階に入ることがあります。つまり，話をずっと聞いているだけではなく，問題が何なのかを共に考える段階です。

問題をつかむってどうするの？

「悩んだりこまったりしていることは，こんなことかな」とピアヘルパーが提案してみたり，「けっきょく，何がどうなればよいのかなあ」「いままで話してくれた中で，いちばんこまっていることって何かなあ」などと質問して，相談に来た人に答えてもらう方法もあります。

3. 問題の解決

問題がわかったら，その問題を解決する段階があります。悩みを解決するためには何をすればいいのか，どんな目標をもち，その目標をどうかなえるのか，を共に考える段階です。

問題解決ってどうするの？

いろいろな解決方法があると思います。解決に向けた方法は，たくさんあったほうが選びやすいと考えられます。相談に来た人と共に，いま何をすると悩みが減るのかを考えてみるのです。自分の経験から考えるのも方法のひとつかもしれませんね。

いままでに勉強した方法を利用してみてください。

たとえば，「恥ずかしくて授業でなかなか発表ができない」という悩み。こんなときは行動理論を使ってみてはどうでしょう？　え！　もう忘れましたか？　もう一度，行動理論を読んでみてくださいね。一人で考えるより，仲間と一緒に考えることで解決の幅が広がることでしょう。

第2章 カウンセリングスキル

本章では，カウンセリングスキルをロールプレイを使って練習します。

32	**2章のまとめ**
35	**カウンセリングの言語的技法**
	「受容」の練習
	「繰り返し」の練習
	「明確化」の練習
	「支持」の練習
	「質問」の練習
	基本技法の総合練習
41	**カウンセリングの非言語的技法**
	ヘルピーについて
	ヘルパーについて
43	**ロールプレイ**
	ロールプレイとは
	ロールプレイ評価票
	ロールプレイのための話題づくり
	初回面接への導入のロールプレイ（ヘルピー用）
	初回面接への導入のロールプレイ（ヘルパー用）
	対話上の諸問題への対処法　ロールプレイ
	(1)ピアヘルパーとは何かを伝える
	(2)ピアヘルパーの親近感
	(3)沈黙を生かす
	総合練習のロールプレイ
	case 1　父親との不仲
	case 2　試験前にノートを借りまくる
	case 3　友人がほしい
	case 4　学校をやめたい

第2章　カウンセリングスキル

第2章　カウンセリングスキル（『ピアヘルパーハンドブック』2章）のまとめ

このページは『ピアヘルパーハンドブック』の第2章をまとめたものです。まとめるとは，骨子にふれるとか，要点をあげるという意味です。まとめ作業をすることは，同時に復習にもなります。

1　ピアヘルパーの心がまえ

國分康孝の教訓を核にしてピアヘルパーの心がまえ（態度）を復習します。以下のことはカウンセリングスキルを用いるときの原則ですから，ぜひ自問自答してほしい問題です。43ページ以降のロールプレイをしてわかったことを書きこみましょう。

(1)「ことばじりをつかまえるな，感情をつかめ」という理由は？

```
┌─────────────────────────────────────┐
│                                     │
│                                     │
└─────────────────────────────────────┘
```

(2)「行動だけを見るな，ビリーフ（思考，考え方・受けとり方）をつかめ」というわけは？

```
┌─────────────────────────────────────┐
│                                     │
│                                     │
└─────────────────────────────────────┘
```

(3)「話の腰を折るな，話を横取りするな，話を早く進めるな」というのはどうして？

```
┌─────────────────────────────────────┐
│                                     │
│                                     │
└─────────────────────────────────────┘
```

(4)「なおそうとするな，わかろうとせよ」というが，なぜ問題解決を急いではいけないのか？

```
┌─────────────────────────────────────┐
│                                     │
│                                     │
└─────────────────────────────────────┘
```

2　スキルに対する考え方

ヘルピング・プロフェッション（援助の専門家）は，理論とスキルをもっているという考え方が常識です。そこで，國分久子の教訓を核に，「ピアヘルパーはスキルというものをどのように考えたらよいか」について復習しましょう。

- スキルとは……方略（ストラテジー）と技術（テクニック）を兼ね備えた技能のこと
- スキルはその人の態度や体（立ち居振る舞い）の一部になっているもの

多くの人は，人と接するときに「技法」とか「技術」を用いることに対して否定的な感情をもちます。おもな理由は，作為的であるとか，人工的であるとか，非人間的であるとかいうことです。あなたはどのように考えますか。

```
┌─────────────────────────────────────┐
│                                     │
│                                     │
│                                     │
└─────────────────────────────────────┘
```

3　ピアヘルピングの技法

ピアヘルピングの技法とは，カウンセリングの基本技法のことです。例示されたもの以外にどんなものがあるか，あげてください。

(1) 言語的技法

> 受容

(2) 非言語的技法

> 視線

(3) 対話上の諸問題への対処法

> 面接の切りあげ方

(4) 問題への対処法

> リファー

4　ヘルピングスキルの上達法

> 始めたばかりのときのあの未熟さを忘れるなという意味です。世阿弥（ぜあみ）は室町時代の著名な能役者です。

「初心忘るべからず」という世阿弥の教えがあります。そこで，ヘルピングスキルを磨く方法を復習しましょう。第一に「観察」があります。その他にどのようなものがあるでしょうか。

> 観察

★ピアヘルパーを志す人にすすめたい図書　〈知的学習のすすめ〉

- 『心とこころがふれあうとき』國分康孝／黎明書房

  本書はピアヘルパーの琴線にふれるものです。ピアヘルパーとはどのような人であるかを学習できます。

- 『マイクロカウンセリング』アレン・E・アイビイ著／福原真知子・椙山喜代子・國分久子・楡木満生訳編／川島書房

  カウンセリングの多様なスキルについて学ぶことができます。すなわちヘルピングスキルを拡充するのに役立ちます。

- 『エンカウンターとは何か』國分康孝・國分久子・片野智治・岡田　弘・吉田隆江／図書文化

  國分康孝・國分久子が1970年代後半に提唱し，以来実践しつづけている「構成的グループエンカウンター」（SGE）について学ぶことができます。

- 『心を伝える技術』國分康孝／PHP文庫

  人と接するのに技術を使うのは作為的であるとか，人工的であるとか，非人間的であるとかと感じる人に衝撃を与えるでしょう。

5　カウンセリング・モデル

初回面接から終結までの一連のヘルピング過程は，コーヒーカップ・モデル（國分康孝）でとらえるとよいでしょう。次の余白に図示してみましょう。

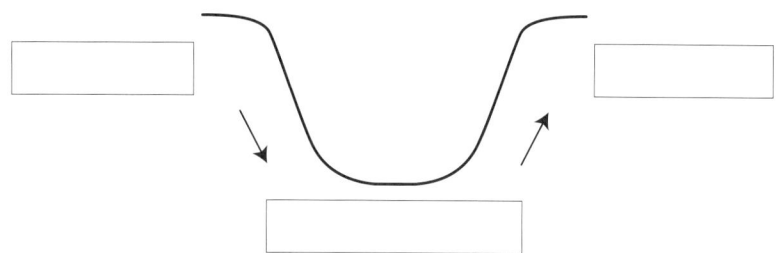

6 補足問題

ここでは，ハンドブック第2章5節「問題への対処法」についてまとめます。
(1)リファー，(2)ケースワーク，(3)コンサルテーション，(4)ピアスーパービジョン，(5)具申の5つの対処法について，設問に取り組みながら整理します。

(1)次のような場合，リファーしたほうがよいと判断されるものを1つ選択してください。
　①親密な交際をしていたボーイフレンドが突然交際を断ってきた，と相談された。
　②ゼミの教授の言動は私に対するセクハラではないか，と相談された。
　③卒業後の進路がまだ決められないでこまっている，と相談された。
　リファー：自分の手にあまったり守備範囲や権限をこえたりする問題の場合に，専門家にバトンタッチすること。

(2)次のような場合，ケースワークに該当しないものを1つ選択してください。
　①サークルでのいやがらせが激しくなったので，本人の興味や希望に合う別のサークルを勧める。
　②学生寮でひとりぼっちになりがちな○○さんに寮友を紹介する。
　③「ここのところあることが気になって気になってぐっすり眠れない」と言う人の話を聞いてあげる。
　ケースワーク：周囲の物財や人的資源を活用した支援や，生活環境の調整をねらいとした支援。

(3)次の中でコンサルテーションに該当するものを1つ選択してください。
　①就職活動のために，会社回りの細かい留意点を教える。
　②沈滞ムードの部活動を再建するための情報提供やアドバイスをする。
　③教員採用面接試験の応答のしかたについて，細かく手ほどきする。
　コンサルテーション：方針を策定する場合の情報提供や助言（アドバイス）をねらいとした支援。

(4)次のような場合，ピアスーパービジョンに該当しないものを1つ選択してください。
　①ゼミでボランティア体験についてのレポートを提出するときの留意点を出しあう。
　②教育実習の研究授業をするときのコツを話しあう。
　③荒れた学校を再建するための情報提供やアドバイスをする。
　ピアスーパービジョン：方略（ストラテジー）やハウツウの自己開示的な情報や経験の交換がねらい。

(5)次のような場合，具申に該当しないものを1つ選択してください。
　①学生食堂の利用者から「メニューが少ない」という苦情を寄せられたので，学生課に伝えた。
　②「近隣の私立大学同士で単位互換ができないものか」という要望を寄せられたので，学部長に要望書を書いた。
　③「地方公務員試験を受験したいのでノウハウを教えてほしい」という要望があったので，参考書を紹介した。
　具申：関連部署や組織の長へ進言するのがねらい。

　　　　　　　　　　　　　解答……1＝②　　2＝③　　3＝②　　4＝③　　5＝③

カウンセリングの言語的技法①

「受容」の練習

受容技法とは

定　義　善悪判断にとらわれず，評価的にならず，好意の念（関心）を伝えていくこと。ヘルピーの気持ちをそっくりそのままに誠実に理解しようと努めていることを，ヘルピーに伝えていくこと。

ねらい　リレーションづくり。この人に自分の気持ちをほんとうに理解してもらったとか，受けいれてもらったとかという実感をヘルピーの中に生じさせ，この人は「私の味方である」と感じてもらうようになる。

反応例　「なるほど！」「うん，うん」といううなずきや相づち
　　　　「それから（それで）」といううながし

練　習　※始める前にハンドブックＰ53の練習をやってみましょう！

①２人１組をつくります。ヘルパー役とヘルピー役の役割を決めます。

②ヘルピー役は下記の話題で支障のない範囲で語ってください。時間は１分30秒です。
　ヘルパー役は受容技法を使って傾聴します。

> 小学校時代の私

③１分30秒の経過の合図があったら役割を交替します。

④両方の役割を終えたら，相互にフィードバックしあいます。時間は１人２分です。
　聞き手は受容技法で傾聴してください。

○**フィードバックする内容**
- 話しやすかったか
- 聞いてもらったという感じがしたか
- 自分を受けいれてもらったという感じがあるか

（よかった点と改善点を率直に伝えあいましょう！）

カウンセリングの言語的技法②

「繰り返し」の練習

繰り返し技法とは

定　義　　ヘルピーの発した①「単語・短文」または②「要点」を言って返すこと。

ねらい　　ヘルピーの自問自答をうながす。これによって，ヘルピーが自分の内的世界を整理できるようにする。

反応例　　「迷っているのですね」　　　　　　　　　（単語の繰り返し）

　　　　　「親のことが気になっているのですね」　　（短文の繰り返し）

　　　　　「自分を主にするか親を主にするかで判断がつかないわけですね」

　　　　　　　　　　　　　　　　　　　　　　　　　（要点の繰り返し）

練　習　　※始める前にハンドブックP54の練習をやってみましょう！

① 2人1組をつくります。ヘルパー役とヘルピー役の役割を決めます。

② ヘルピー役は話題を一つ選択して，支障のない範囲で語ってください。時間は1分30秒です。
　　ヘルパー役は繰り返し技法を使って傾聴します。

- 卒業後の進路　（例：自分のしたいことと職業選択）
- 学業問題　　　（例：履修登録をした○○科目の授業がつまらない）
- 人間関係　　　（例：バイト先の先輩とそりがあわない）

　　　※要は，進路や学業や人間関係に関連する話題

③ 1分30秒の経過の合図があったら役割を交替します。

④ 両方の役割を終了したら，相互にフィードバックしあいます。時間は1人2分です。
　　聞き手は繰り返し技法を使って傾聴してください。

> よかった点と改善点を率直に伝えあいましょう！

○フィードバックする内容
- 聞いてもらったという感じがしたか
- 自分の考えや気持ちが整理されたという感じがあるか

第2章 カウンセリングスキル

カウンセリングの言語的技法③

「明確化」の練習

明確化技法とは

定　義　　ヘルピーがうすうす気づいていることを言語化して,自分の気持ちに対決させること。
　　　　　感情の明確化,意味の明確化,事実の明確化と3種類ある。

ねらい　　意識の幅を拡大する。意識性が高いほど人は現実的な判断と行動がとれるようになる。

反応例　　「要するに,○○学科に入ってしまって,いま後悔しているわけですね」
　　　　　　　　　　　　　　　　　　　　　　　　　　　　　　　　（感情の明確化）
　　　　　「要するに,親を落胆させてもよいから,自分の人生をつくるべきだと
　　　　　　考えているわけですね」　　　　　　　　　　　　　　　（意味の明確化）
　　　　　「つまり,隣近所と折りあいが悪いということですね」（事実の明確化）

練　習　　※始める前にハンドブックP56の練習をやってみましょう！

①2人1組をつくります。ヘルパー役とヘルピー役の役割を決めます。

②ヘルピー役は話題を1つ選択して,支障のない範囲で語ってください。時間は2分です。
　ヘルパー役は明確化の技法を使って傾聴します。

> ・卒業後の進路　（例：教師になりたいのだけれど,学級崩壊というような子どもの荒れに直面したら
> 　　　　　　　　　　　どうしようか）
> ・学業問題　　　（例：自分がほんとうに学びたいということがはっきりしてきた。でも,この○○
> 　　　　　　　　　　　学科にはそれに関連する科目がない）
> ・人間関係　　　（例：交際しているボーイフレンドとどうもしっくりこない。自分の中ですきま風が
> 　　　　　　　　　　　吹いているような感じだ）

③2分の経過の合図があったら役割を交替します。

④両方の役割を終了したら,相互にフィードバックしあいます。時間は1人1分です。
　聞き手は傾聴してください。

> ○**フィードバックする内容**
> 　・明確化技法を試みたか
> 　・「目からうろこが落ちる」という感じがしたか
> 　・胸にぐっとくるような気づきがあったか

（よかった点と改善点を率直に伝えあいましょう！）

カウンセリングの言語的技法④

「支持」の練習

支持技法とは

定　義　　ヘルピーの言動に賛意を表すること。
　　　　　ヘルパーの自己開示ともいえる。"I think so !"の表現である。
ねらい　　ヘルピーの自己肯定感や自尊感情を高める。
反応例　　「たいへんでしたね」「それでよいのですよ」
　　　　　「あなたがそう思うのは当然ですよ」「私もきっとそうしましたよ」

練　習　※始める前にハンドブックＰ59の練習をやってみましょう！

①3人1組をつくります。ヘルパー役とヘルピー役と観察者の役割を決めます。
②ヘルピー役は話題を1つ選択して，支障のない範囲で語ってください。時間は2分です。
　ヘルパー役は支持技法を試みます。

- 卒業後の進路　（例：ゼミの教授は卒業後の進路のことについて学生の相談を避けているような感じをうける。話ぐらいは聞いてくれてもいいのではないか）
- 学業問題　　　（例：試験はできなかったけど，1回の欠席もしなかったし，レポート課題も毎回提出していたんです。これでＣなんて試験結果が最重要なんですかね）
- 人間関係　　　（例：彼がいろいろな子と交際しているんですよ。ときどきせつなくなるんですよ）

③2分経過の合図があったらヘルピー役とヘルパー役を交替します。観察者は同じです。
④3人でフィードバックしあいます。時間は1人1分です。聞き手は傾聴してください。

○フィードバックする内容
- ヘルパーは支持技法を試みていたか
- ヘルピーは，気持ちを支持してくれたという感じがしたか
- ヘルピーは，自己肯定感または自尊感情が高まったか

＞よかった点と改善点を率直に伝えあいましょう！

⑤同様に2セット目と3セット目を行います。

ローテーション表			A (　　　)	B (　　　)	C (　　　)	
	1セット目	1回目	ヘルパー	ヘルピー	観察者	2分
		2回目	ヘルピー	ヘルパー	観察者	2分
		3人でフィードバック				3分
	2セット目	1回目	観察者	ヘルピー	ヘルパー	2分
		2回目	観察者	ヘルパー	ヘルピー	2分
		3人でフィードバック				3分
	3セット目	1回目	ヘルピー	観察者	ヘルパー	2分
		2回目	ヘルパー	観察者	ヘルピー	2分
		3人でフィードバック				3分

カウンセリングの言語的技法⑤

「質問」の練習

質問技法とは

定　義　ヘルピーの思考・行動・感情や，ヘルピーの現状や過去について問いかけること。

ねらい　ねらいは3つある。①リレーションをつくること。②ヘルピーの現状や過去について理解すること。③ヘルピーの洞察を促進したり自己盲点に気づかせたりすること。

反応例　「外は寒いですか」（リレーションづくり）
　　　　「いつごろからですか」「これからどうするつもりですか」
　　　　　（ヘルピーの現状や過去についての理解）
　　　　「人に誤解されるのはどういうわけですか」
　　　　　（ヘルピーの洞察促進や自己盲点に気づかせる）

> Yes, Noで答えられる閉ざされた質問と，Yes, Noで答えられない開かれた質問という分け方もあります。

練　習
※始める前にハンドブックP62の練習をやってみましょう！

① 3人1組をつくります。ヘルパー役とヘルピー役と観察者の役割を決めます。
② ヘルピー役は次の話題について，支障のない範囲で語ってください。時間は2分です。
　ヘルピー役は語りたくない内容を無理に答えすぎないようにしてください。
　ヘルパー役は「遠慮せず，聞きすぎず」の要領で問いかけてください。

> ここ1～2週間の間でうれしかったこと，またはこまったこと

③ 2分経過の合図があったらヘルピー役とヘルパー役を交替します。観察者は同じです。
④ 3人でフィードバックしあいます。時間は1人1分です。
　聞き手は5W1Hを念頭において傾聴してください。

> ○**フィードバックする内容**
> ・会話がはずんだか
> ・ヘルパーの質問の意図は何であったか
> ・ヘルピーは，「よくぞ聞いてくれた」と感じる質問があったか

> よかった点と改善点を率直に伝えあいましょう！

⑤ 同様に2セット目と3セット目を行います。

ローテーション表			A（　　　）	B（　　　）	C（　　　）	
	1セット目	1回目	ヘルパー	ヘルピー	観察者	2分
		2回目	ヘルピー	ヘルパー	観察者	2分
			3人でフィードバック			3分
	2セット目	1回目	観察者	ヘルピー	ヘルパー	2分
		2回目	観察者	ヘルパー	ヘルピー	2分
			3人でフィードバック			3分
	3セット目	1回目	ヘルピー	観察者	ヘルパー	2分
		2回目	ヘルパー	観察者	ヘルピー	2分
			3人でフィードバック			3分

カウンセリングの言語的技法⑥

基本技法の総合練習

これまでに学習した基本技法を使って総合演習を行います。受容，繰り返し，明確化，支持，質問を駆使して，ヘルパーとヘルピーの会話がはずむように心がけてください。

> 練 習

①3人1組をつくります。ヘルパー役とヘルピー役と観察者の役割を決めます。
②ヘルピー役は話題を1つ選択して，支障のない範囲で語ってください。時間は5分です。

- 中学校時代の私
- 高校時代の私
- 中学または高校時代に燃えたこと

③5分経過の合図があったら役割を交替してください。
④5分経過の合図があったら役割を交替してください。これで役割が一巡しましたね。
⑤3人でシェアリング（わかちあい）に入ります。時間は10分です。

○シェアリングする内容
- ヘルパーは意図的かつ積極的に基本技法を使ったか
- 会話がはずんだか
- ヘルピーは，受けいれてもらったという感じがあるか
- ヘルピーは，聞いてもらったという感じがしたか

> よかった点と改善点を率直に伝えあいましょう！

ロ－テ－ション表		A（　　　）	B（　　　）	C（　　　）	
	1回目	ヘルパー	ヘルピー	観察者	5分
	2回目	観察者	ヘルパー	ヘルピー	5分
	3回目	ヘルピー	観察者	ヘルパー	5分
	シェアリング（わかちあい）				10分

非言語的技法
～ヘルピーについて～

ヘルピー理解のための非言語的技法とは

定　義　　ヘルピーの非言語的表現をよくよく察知し，その意味するところを理解したり読みとったりすること。

ねらい　　非言語的表現を介してヘルピーに対する理解を深める。
　　　　　コミュニケーションの主たる部分は非言語的表現であるといわれる。ヘルピーの非言語的表現の理解はヘルピー理解をいっそう深めることになる。

反応例　　ヘルピーの貧乏ゆすり　→「何か落ち着きませんか」
　　　　　ヘルピーの目にある涙　→「そぉ，悲しいですねぇ」
　　　　　ヘルピーの憤怒の表情　→「そぉ，くやしいのですね」

> フランスの文豪ヴィクトル・ユーゴは，「女性と話すときは，彼女の目もとの語るところを読みとれ」という名言を残しています。

練　習

①3人1組をつくります。

②例題A～Cより1つを選んで，3人で一緒に話し合います。時間は5分です。

> 次のようなヘルピーの非言語的表現はどのような心理を表現しているでしょうか。

例題A

- 視線がさだまらない　　　→ 　　　　　　　　　
- 視線をずっと落としている→ 　　　　　　　　　
- 目に涙をうかべている　　→ 　　　　　　　　　

例題B

- ぶっきらぼうな言い方　　→ 　　　　　　　　　
- 声がふるえている　　　　→ 　　　　　　　　　
- たたみかけるような話し方→ 　　　　　　　　　

例題C

- 背もたれに寄りかかって，足組みをしている　　→ 　　　　　　　　　
- 腕組みをしだした　　　　→ 　　　　　　　　　
- やや前かがみにすわりながら，両手を両ひざにのせている　→

非言語的技法
～ヘルパーについて～

ヘルパーの用いる非言語的技法とは

定　義　　ヘルパーが非言語的表現を駆使して，伝えたい自分を伝えること。

ねらい　　非言語的表現を介してヘルピーに対して伝えたい自分を伝える。
　　　　　コミュニケーションの主たる部分は非言語的表現であるといわれる。ヘルパーの非言語的表現はコミュニケーションを促進することになる。

反応例　　「ヘルピーの目線をとらえる」
　　　　　　→好意の伝達，またはヘルピーの意思の確認やヘルピーの同意を求める
　　　　　「（ヘルピーの悲哀に対して）悲しそうな表情」
　　　　　　→ヘルピーの悲哀に対する共感

練　習

①3人1組をつくります。

②例題について，3人で一緒に話し合います。時間は10分です。

> 次のようなヘルパーの非言語的表現は，ヘルピーにどのような感じをあたえるでしょうか。

例題

- 約束の時間に遅れる　　→　　[　　　　　　]

- 身体接触が多い　　→　　[　　　　　　]

- ヘルピーにあいさつされても，あいさつを返さない　　→　　[　　　　　　]

- 身だしなみがだらしない　　→　　[　　　　　　]

3人で話し合うときには，次のことを心がけましょう。

★よいディスカッションをするための4条件（國分康孝）★
①発言の機会が平等である　　　②テーマから脱線しない
③引き出す場面がある　　　　　④感情表現がある

ロールプレイ①

ロールプレイとは

これからの演習では，ロールプレイという方法で，ピアヘルピングの過程で起きるさまざまな状況を疑似体験します。はじめに，ロールプレイとは何かについて知っておきましょう。

1．ロールプレイの意義

- ロールプレイとは役割演技という寸劇であるから，うまくいかなくとも相手の心を傷つけるとか，あとで罪障感をもつ必要がない。それゆえ安心して試行錯誤することができる。
- 「沈黙」の場面とか「泣かれる」場面とか，ある特定の状況を意図的につくって，面接の練習をすることができる。
- ヘルピー役を演じることは，ヘルパー役の練習台になってあげられるだけでなく，自分自身のためにもなる。なぜなら，ふられた学生や親子関係でこまっているヘルピーを演じることで，それらの人たちの気持ちがわかってくるからである。他者理解の訓練になる。
- ヘルピー役は架空の物語をつくらないほうがよい。つくったストーリーに無理が出てくる。実在の人物を思い出し，その人になりきるのがよい。いっそう他者理解の訓練になる。

〔引用文献〕國分康孝著『カウンセリング教授法』誠信書房 P54,P100

2．ピアヘルピング・ロールプレイ欲求度調査票

これからの演習でロールプレイを行うとき，ヘルピー役とヘルパー役のどちらをやってみたいか，あなたの気持ちに近いところに○をつけてください。

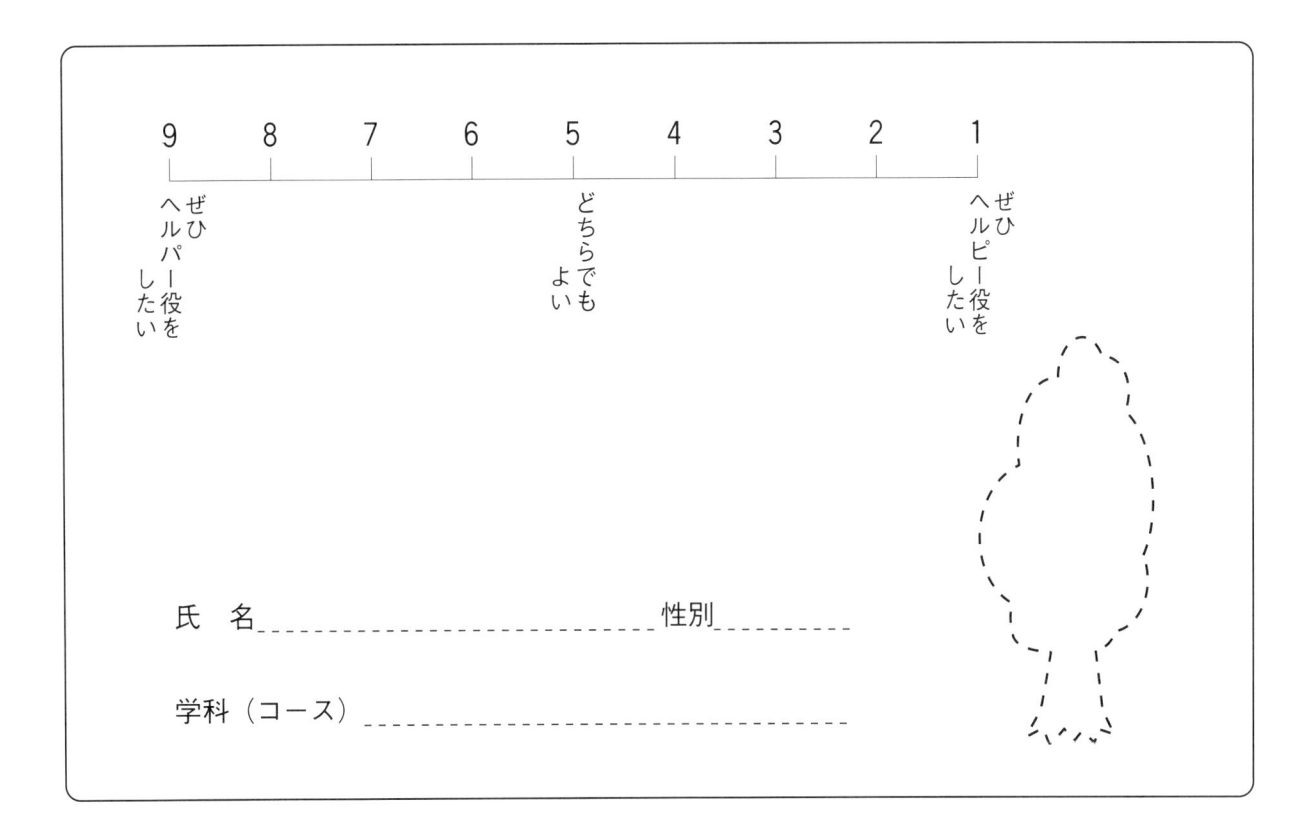

```
9 ── 8 ── 7 ── 6 ── 5 ── 4 ── 3 ── 2 ── 1
ぜひヘルパー役をしたい          どちらでもよい          ぜひヘルピー役をしたい
```

氏　名＿＿＿＿＿＿＿＿＿＿＿＿＿　性別＿＿＿＿＿

学科（コース）＿＿＿＿＿＿＿＿＿＿＿＿＿＿＿＿＿

第2章　カウンセリングスキル

ロールプレイ②

ロールプレイ評価票

学科　　　　　氏名
（メンバー：　　　　　　　　　　　　　　　　　　　）

月　日（　）　テーマ _____ 担当した役割（ヘルピー・ヘルパー・観察者）

a	かまえや，かざりがなくリラックスしていた	10 9 8 7 6 5 4 3 2 1　（無防備）	かたくるしく，まじめで緊張していた
b	あたたかみと共感性があった	10 9 8 7 6 5 4 3 2 1　（共感性）	理づめで，ことばのみを的に追っていた
c	相手のあるがままを受けいれ，質問にもいや味がなかった	10 9 8 7 6 5 4 3 2 1　（受容性）	尋問的，押しつけ的，自分の都合のいいようにもっていくところがあった
d	ゆったりと間をおいて応答した	10 9 8 7 6 5 4 3 2 1　（　間　）	せっかちでせわしなかった
e	相手の要点を的確に把握した	10 9 8 7 6 5 4 3 2 1　（理解力）	応答がとんちんかんで話のかみあわないところがあった
f	相手に興味・関心をもち，かつこれを相手にも態度で示した	10 9 8 7 6 5 4 3 2 1　（熱　意）	ほかのことを気にしながら応待していた

・要約
「話しやすかったか」「受けいれてもらったという感じがあるか」
「聞いてもらったという感じがしたか」

振り返り方法

①ロールプレイの過程を振り返り，ヘルパー役についてそれぞれが評価してください。ヘルパー役は自己評価することになります。時間は1分です。
②評価票を3人で回し読みしてください。時間は1分です。
③他者の評価票を見て感じたこと気づいたことを，3人で率直に出しあいます。時間は3分です。

〔引用文献〕國分康孝著『カウンセリング教授法』誠信書房　P62

ロールプレイ③

ロールプレイのための話題づくり
「自 分」

ロールプレイを始める前に，話題づくりの準備としてこのシートに取り組んでみましょう。
「私は……」ということで，思い浮かんだことを自由に「私は」につづけて書き出してください。

1　私は　　(例) いつも学校へ来るのが楽しいです。
2　私は
3　私は
4　私は
5　私は
6　私は
7　私は
8　私は
9　私は
10　私は
11　私は
12　私は
13　私は
14　私は
15　私は

＊上記の中のいくつかについて，「どんな私」なのかふくらませてみましょう。

> (例) いつも学校へ来るのが楽しいのは，友達がたくさんいてにぎやかなのが好きな私だからです。

(Kuhn, M. H. & McPartland, T. S.　Who am I?＝WAI技法)

第2章　カウンセリングスキル

ロールプレイ④

初回面接への導入のロールプレイ
～ヘルピー用～

【ねらい】初回面接への導入のしかたを学習する。

① 3人1組をつくります。ヘルパー役とヘルピー役と観察者の役割を決めます。
② ヘルピー役は下記の設定で演じてください。時間は7分です。

> **ヘルピーの状況**
> 数日前にあるところから話を聞いて、あなたはピアヘルパーのAさんに会いに来ました。
> ★最初の発言
> 　「すいません、先輩はピアヘルパーをしていると聞いたんですけど。突然ですけど、ちょっと相談にのってもらえませんか」
>
> **留意事項**
> ヘルパーの応答をみながら、次の要領で相談を進めてみてください。
> 　①「どんなことでも相談にのってくれるんですか？」
> 　②「ここで話したことがほかにもれるということはありますか？」
> 　③「じつは失恋してしまって、いまやる気がわかないんです」

③ 7分経過の合図があったら、次の内容を3人でフィードバックしあいます。

> ・ヘルパー役の説明の仕方や口調（ものの言い方）
> ・「親身になって相談にのってくれそうな感じがしたか」
> 　「頼りになりそうな感じがしたか」
> ・ヘルピー役をしてみて感じたこと気づいたこと

（よかった点と改善点を率直に伝えあいましょう！）

④ 役割を交代して、2回目と3回目を行います。
⑤ 3回とも終了したら、全体を通して感じたことを3人でシェアリング（わかちあい）します。

ロー テー ショ ン 表		A (　　　)	B (　　　)	C (　　　)	
	1回目	ヘルパー	ヘルピー	観察者	7分
		フィードバック			2分
	2回目	観察者	ヘルパー	ヘルピー	7分
		フィードバック			2分
	3回目	ヘルピー	観察者	ヘルパー	7分
		フィードバック			2分
		シェアリング（わかちあい）			5分

ロールプレイ⑤

初回面接への導入のロールプレイ
～ヘルパー用～

【ねらい】　初回面接への導入のしかたを学習する。
　　　　　　例：第一声のことばかけ，すわり方，距離のとり方，リレーション形成，問題把握，措置，ヘルピーの問題解決意欲

① 3人1組をつくります。ヘルパー役とヘルピー役と観察者の役割を決めます。
② ヘルパー役は，下記の要領にしたがって演じてください。時間は7分です。

> **ヘルパーの状況**
> 学生課から依頼があり，ピアヘルパーのあなたはヘルピーに電話して，初回面接の日時・場所・時間などの約束をしました。ヘルピーがこれから約束の場所へやって来ます。
>
> **ヘルピーの留意点**
> 　ヘルパーの対応にあわせながら，次のことをたずねてみてください。
> ・「ピアヘルパーの資格をとるための履修科目について教えてください」
> ・「ピアヘルパーはどのような相談にのる人なのか教えてください」

③ 7分経過の合図があったら，次の点について感じたこと気づいたことを率直に伝えてください。

> 「旅の道づれ」（キャンパスライフの頼りになる道づれ）というヘルパー役をしてみて，感じたこと気づいたこと

> 気づいたこと，感じたことを率直に伝えあいましょう！

④ 役割を交代して2回目と3回目を行います。
⑤ 3回とも終了したら，3人でシェアリング（わかちあい）をします。

<table>
<tr><td rowspan="8">ロ
ー
テ
ー
シ
ョ
ン
表</td><td></td><td>A（　　　）</td><td>B（　　　）</td><td>C（　　　）</td><td></td></tr>
<tr><td rowspan="2">1回目</td><td>ヘルパー</td><td>ヘルピー</td><td>観察者</td><td>7分</td></tr>
<tr><td colspan="3">フィードバック</td><td>2分</td></tr>
<tr><td rowspan="2">2回目</td><td>観察者</td><td>ヘルパー</td><td>ヘルピー</td><td>7分</td></tr>
<tr><td colspan="3">フィードバック</td><td>2分</td></tr>
<tr><td rowspan="2">3回目</td><td>ヘルピー</td><td>観察者</td><td>ヘルパー</td><td>7分</td></tr>
<tr><td colspan="3">フィードバック</td><td>2分</td></tr>
<tr><td colspan="4">シェアリング（わかちあい）</td><td>5分</td></tr>
</table>

振り返りのポイント

コーヒーカップモデルにそって初回面接を振り返ってみよう。

> ヘルピーの言語的または非言語的反応をメモしておこう！

（リレーションづくり）
リレーションがついたと判断できるヘルピーの反応は？
　例：視線がしばしば合う
　　　微笑がもれる
　　　退室時にお礼を繰り返す

（実行策）

（問題把握）　問題は何か？
　例：失恋によるおちこみ
　　　さびしい，胸に穴があいたよう
　　　生活に充実感がない

ロールプレイ⑥

対話上の諸問題への対処法　ロールプレイ(1)
ピアヘルパーとは何かを伝える

【ねらい】　ピアヘルパーとは何をする人なのか全然予備知識のないヘルピーに対して，ピアヘルパーとは何かの伝え方を学習する。

① 3人1組をつくります。ヘルパー役とヘルピー役と観察者の役割を決めます。
② ヘルピー役は，下記の要領にしたがって演じてください。時間は7分です。

> **ヘルピーの状況**
> あなたは，「ピアヘルパーは即座に問題解決の方法を教えてくれる人だ」というイメージをもってピアヘルパーに会いに来ました。
> ★最初の発言
> 　「いままで彼（彼女）とうまくいっていたのに，突然，つきあうのをやめたいと言われたんです……」
>
> **留意事項**
> ヘルピーは次のような発言を試みてください。
> ①「彼（彼女）との交際をもとにもどすにはどうしたらよいか，よい方法を教えてください」と迫ってみる。
> ②ヘルパー役が即答してくれなかったときは，失望をあらわにして「せっかく頼りにして来たのに……」と言ってみる。
> ③②を繰り返してみる。

③ 7分たったら，次の点について感じたこと，気づいたことを率直に伝えあってください。

> ①ヘルパー役の話の聞き方
> ②ピアヘルピングとは何か（ピアヘルパーとは何をする人か）の説明はどうだったか
> ③ヘルピー役をしてみて感じたこと，気づいたこと

　　　　　　　　　　　　　　　　　　　　　　　　　よかった点と改善点を率直に伝えあいましょう！

④ 役割を交代して2回目と3回目を行います。
⑤ 3回とも終了したら，3人でシェアリング（わかちあい）をします。

ローテーション表		A（　　　）	B（　　　）	C（　　　）	
	1回目	ヘルパー	ヘルピー	観察者	7分
		フィードバック			2分
	2回目	観察者	ヘルパー	ヘルピー	7分
		フィードバック			2分
	3回目	ヘルピー	観察者	ヘルパー	7分
		フィードバック			2分
		シェアリング（わかちあい）			5分

ロールプレイ⑦

対話上の諸問題への対処法　ロールプレイ(2)
ピアヘルパーの親近感

【ねらい】　ピアヘルパーは，ヘルパーとしてではなく，個人としてもリレーションを感じる人であるかどうか。それを観察，体験する。

①3人1組をつくります。ヘルパー役とヘルピー役と観察者の役割を決めます。
②ヘルピー役は下記の要領にしたがって演じてください。時間は7分です。

> **ヘルピーの状況**
> 今日はピアヘルパーとの3回目の面接で，終了の日である。感謝の念と今後のこともあるので，ピアヘルパーを軽食に誘いたい。その気持ちを面接の初めに伝えたい。
>
> ★最初の発言
> 「あのー，面接も今日で終わりになるので，これがすんでから，いっしょに食事でも軽くどうでしょうか……」
>
> **留意事項**
> ①ヘルピーは次のことを試みてください。
> ・面接の始まるときに，軽食を共にしたいと誘ってみる。
> ・一度断られても，もう一度誘ってみる。
> ②誘いを受けるかパスするかの想定はヘルパーにまかせます。

③7分たったら，次の点について感じたこと，気づいたことを率直に伝えあってください。

> ①誘いの受け方や断り方
> ②ヘルパーに個人としてリレーションを感じたか
> ③ヘルピー役をしてみて感じたこと，気づいたこと

（よかった点と改善点を率直に伝えあいましょう！）

④役割を交代して2回目と3回目を行います。
⑤3回とも終了したら，3人でシェアリング（わかちあい）をします。

ローテーション表		A（　　　）	B（　　　）	C（　　　）	
	1回目	ヘルパー	ヘルピー	観察者	7分
		フィードバック			2分
	2回目	観察者	ヘルパー	ヘルピー	7分
		フィードバック			2分
	3回目	ヘルピー	観察者	ヘルパー	7分
		フィードバック			2分
		シェアリング（わかちあい）			5分

ロールプレイ⑧

対話上の諸問題への対処法　ロールプレイ(3)
沈黙を生かす

【ねらい】　沈黙を生かすヘルパーの応答のしかたを学ぶ。

① 3人1組をつくります。ヘルパー役とヘルピー役と観察者という役割を決めます。
② 下記の要領にしたがってヘルピー役を演じてください。時間は20秒です。

> **ヘルピーの状況**
> あなたはハンバーガーショップでアルバイト（カウンター）をしています。ある日，マネージャーからもう来なくてよい（クビ）と言われてしまいました。うすうす感じていたことではありましたが，いまは腹立たしさとみじめな気持ちでおちこんでいます。ヘルパーと会って話しているうちに，そのときのことを思い出して沈黙がちになってしまいました。
> ★最初の発言
> 「いやー，私（ぼく），バイト先をクビになってしまって……」
>
> **留意事項**
> ①ヘルピーは，ハンバーガーショップのカウンターにおけるパターン化された応接のしかたにどうもなじめない思いを抱えています。
> ②ヘルパーの応答のしかたによって，ヘルピーは話したくなったら話してください。

③ 20秒たったら，次の点について感じたこと，気づいたことを率直に伝えあってください。

> 沈黙しているヘルピーに向けたヘルパーの応答のしかたについて

よかった点と改善点を率直に伝えあいましょう！

④ 役割を交代して2回目と3回目を行います。
⑤ 3回とも終了したら，3人でシェアリング（わかちあい）をします。

ローテーション表		A (　　　)	B (　　　)	C (　　　)	
	1回目	ヘルパー	ヘルピー	観察者	20秒
		フィードバック			2分
	2回目	観察者	ヘルパー	ヘルピー	20秒
		フィードバック			2分
	3回目	ヘルピー	観察者	ヘルパー	20秒
		フィードバック			2分
		シェアリング（わかちあい）			5分

〔参考〕「もしも言葉に沈黙の背景がなければ，言葉は深さを失ってしまうであろう」

(ピカート『沈黙の世界』)

ロールプレイ⑨

総合練習のロールプレイ
case1　父親との不仲

【ねらい】　①基本技法の総合練習
　　　　　　②ヘルパーの心がまえ「なおそうとするな，わかろうとせよ」を味わう。

①3人1組をつくります。ヘルパー役とヘルピー役と観察者の役割を決めます。
②ヘルピー役は下記の要領にしたがって演じてください。時間は7分です。

> **ヘルピーの状況**
> 父親はあなたに対していつも「しっかりやれよ」と言います。そういう父親が会社のリストラで解雇され，いまはアルバイトでつないでいます。先日，あなたが友達と遊んで夜遅く帰宅したとき，父親と口論になってしまいました。
> 　★最初の発言
> 　「『こんなに遅くまでどこで遊んでいたんだ。大学は遊びを勉強するところか』と頭ごなしに言われたので，売りことばに買いことばといったふうになってしまったんです」
>
> **ヘルピー役の留意事項**
> ①解雇されてから，父親は職探しに一生懸命だったことをヘルピーもよくわかっています。
> ②ヘルピーは，口うるさいながらも，仕事に熱心にうちこんでいた父親が好きでした。

③7分たったら，次の点についてよかった点と改善点を率直に伝えあってください。

> ①話しやすかったか
> ②受けいれてもらったという感じがあるか
> ③聞いてもらったという感じがしたか

（よかった点と改善点を率直に伝えあいましょう！）

④役割を交代して2回目と3回目を行います。
⑤3回とも終了したら，3人でシェアリング（わかちあい）をします。

ローテーション表		A (　　　)	B (　　　)	C (　　　)	
	1回目	ヘルパー	ヘルピー	観察者	7分
		フィードバック			2分
	2回目	観察者	ヘルパー	ヘルピー	7分
		フィードバック			2分
	3回目	ヘルピー	観察者	ヘルパー	7分
		フィードバック			2分
		シェアリング（わかちあい）			5分

第2章 カウンセリングスキル

ロールプレイ⑩

総合練習のロールプレイ
case2 試験前にノートを借りまくる

【ねらい】 ①基本技法の総合練習
②ヘルパーの心がまえ「行動だけをみるな，ビリーフをつかめ」

①3人1組をつくります。ヘルパー役とヘルピー役と観察者の役割を決めます。
②ヘルピー役は下記の要領にしたがって演じてください。時間は7分です。

> **ヘルピーの状況**
>
> いまは試験前で，あなたはまわりの友人からノートを借りまくっています。アルバイトやサークル活動を優先していて授業にはあまり出ていませんでした。ところが，○○科目は先生がほとんど黒板に書かないのでお手上げです。そこで，先生への苦情とぐちをヘルパーへぶつけに来ました。
>
> ★最初の発言
> 「○○科目の先生は授業のときに黒板に書いてくれないので，友人からノートを借りたんですけど，ほとんど役に立たないんですよ。おまけに出席を重視するっていうんです。もうお手上げですよ。このままだと単位を落としそうなんです。なんとかいい方法はないですかね。ていねいに黒板に書いてくれる先生もけっこういるんですけどね」
>
> **ヘルピー役の留意事項**
> ①ヘルピーは苦情をぶつけるような口調の発言を試みてください。
> ②ノートを借りなければならない理由を聞かれたら，アルバイトが忙しいとか，サークル活動を一生懸命にしていると答えてください。

③7分たったら，次の点について感じたこと，気づいたことを率直に伝えあってください。

> ①話しやすかったか
> ②受けいれてもらったという感じがあるか
> ③聞いてもらったという感じがしたか

(よかった点と改善点を率直に伝えあいましょう！)

④役割を交代して2回目と3回目を行います。
⑤3回とも終了したら，3人でシェアリング（わかちあい）をします。

ローテーション表		A (　　　)	B (　　　)	C (　　　)	
	1回目	ヘルパー	ヘルピー	観察者	7分
		フィードバック			2分
	2回目	観察者	ヘルパー	ヘルピー	7分
		フィードバック			2分
	3回目	ヘルピー	観察者	ヘルパー	7分
		フィードバック			2分
	シェアリング（わかちあい）				5分

第2章　カウンセリングスキル

ロールプレイ⑪

総合練習のロールプレイ
case 3　友人がほしい

【ねらい】　①基本技法の総合練習
　　　　　　②ヘルパーの心がまえ「ことばじりをつかまえるな，感情をつかめ」

① 3人1組をつくります。ヘルパー役とヘルピー役と観察者の役割を決めます。
② ヘルピー役は下記の要領にしたがって演じてください。時間は7分です。

> **ヘルピーの状況**
> あなたは，ゼミやサークルの中に社交会話程度にものを話す友人はいますが，親しみを感じてうちとけあえるような友人がいません。毎日が何かものたりないし，どこかさびしい気持ちです。進路のことや生き方みたいなものについて，時に熱っぽく語りあえる友人がほしいと思っています。
> 　★最初の発言
> 　「先輩には親しくうちとけあえる友人がいますか……」
>
> **ヘルピー役の留意事項**
> ①先輩（ヘルパー）が「親しくうちとけあえる友人がいる」といったら，それがとてもうらやましいというような口調で応えてください。
> ②日々の生活の中で，充足感がないとかどこかさびしいとかというような感情表明をしてみてください。

③ 7分たったら，次の点について感じたこと気づいたことを率直に伝えあってください。

> ①話しやすかったか
> ②受けいれてもらったという感じがあるか
> ③聞いてもらったという感じがしたか

（よかった点と改善点を率直に伝えあいましょう！）

④ 役割を交代して2回目と3回目を行います。
⑤ 3回とも終了したら，3人でシェアリング（わかちあい）をします。

ローテーション表		A（　　　　）	B（　　　　）	C（　　　　）	
	1回目	ヘルパー	ヘルピー	観察者	7分
		フィードバック			2分
	2回目	観察者	ヘルパー	ヘルピー	7分
		フィードバック			2分
	3回目	ヘルピー	観察者	ヘルパー	7分
		フィードバック			2分
		シェアリング（わかちあい）			5分

第2章　カウンセリングスキル

ロールプレイ⑫

総合練習のロールプレイ
case 4　学校をやめたい

【ねらい】　①基本技法の総合練習
　　　　　②ヘルパーの心がまえ「話の腰を折るな，話を横取りするな，話を早く進めるな」

① 3人1組をつくります。ヘルパー役とヘルピー役と観察者の役割を決めます。
② ヘルピー役は下記の要領にしたがって演じてください。時間は7分です。

> **ヘルピーの状況**
> 入学式の日から驚くことばかりでした。まわりの人たちは髪の毛を派手な色に染めたり，スカートは超ミニだったり，ネイルアートしたり，ブランドもののバッグを持ったり，会話の話題といえば異性のことばかり。入学して2カ月過ぎたいま，自分に合わないところに入ってしまったなという思いを引きずっています。
> ★最初の発言
> 「入学してまだ間もないのに変ですけど，先輩は学校をやめたいと思ったことありませんか……」
>
> **ヘルピー役の留意事項**
> ①地方から出てきた自分，どちらかといえば地味な自分には，ここでの生活が合わないとうったえてみてください。
> ②元気なさそうに，考えこんでいるような感じで，間を十分にとりながら話してください。

③ 7分たったら，次の点について感じたこと気づいたことを率直に伝えあってください。

> ①話しやすかったか
> ②受けいれてもらったという感じがあるか
> ③聞いてもらったという感じがしたか

（よかった点と改善点を率直に伝えあいましょう！）

④ 役割を交代して2回目と3回目を行います。
⑤ 3回とも終了したら，3人でシェアリング（わかちあい）をします。

ローテーション表		A（　　　）	B（　　　）	C（　　　）	
	1回目	ヘルパー	ヘルピー	観察者	7分
		フィードバック			2分
	2回目	観察者	ヘルパー	ヘルピー	7分
		フィードバック			2分
	3回目	ヘルピー	観察者	ヘルパー	7分
		フィードバック			2分
		シェアリング（わかちあい）			5分

第3章 青年期の課題とピアヘルパーの留意点

本章では，青年期の課題について考え，ロールプレイを使って対応を練習します。

56	**3章のまとめ**
58	**学業領域**
	グループワーク／ロールプレイ
60	**進路領域**
	グループワーク／ロールプレイ
62	**友人領域**
	グループワーク／ロールプレイ
64	**グループ領域**
	グループワーク／ロールプレイ
66	**関係修復領域**
	グループワーク／ロールプレイ
68	**心理領域**
	グループワーク／ロールプレイ
70	**グループワークシート（各領域共通）**
	記入用シート／記入例（見本）

第3章　青年期の課題とピアヘルパーの留意点（『ピアヘルパーハンドブック』3章）のまとめ

ピアヘルパーは，ボランティアといっても，人の人生に関与するのですから「すべきこと，してはならないこと」のルールがあります。それが，ピアヘルパーの活動許容範囲と留意点です。

1．ピアヘルパーの活動許容範囲

青年や学生ならだれでも遭遇する問題の相談相手になる，あるいはピアグループの世話役を務めるのがピアヘルパーの活動許容範囲です。現段階で以下の6領域があります。

(1) 学業領域

学業上の悩みにはおもなものが2つあります。1つは「授業がつまらないこと」，もう1つは「授業についていけないこと」です。ピアヘルパー自身にとってもこの領域の問題はあてはまりやすいので，ヘルピーの悩みをよく聞き，整理しておくとためになります。

　　話　題　例……授業がつまらなくてやる気がしない／○○先生の授業を何とかしてほしい／親が勉強しろと言ってうるさい／授業のどこが重要でどこが重要でないかを区別できない
　　ポイント解説……授業についていけない理由の1つとしてレディネス不足が考えられます。レディネスとは準備性のことです。料理でいえば，下ごしらえとか材料をそろえるようなことです。

(2) 進路領域

学校の卒業後や就職してからのこと，すなわち人生計画（キャリア）について考える領域です。ピアヘルパー自身もかかえている問題なので共感しやすいかもしれません。

　　話　題　例……卒業してからどうするか迷っている／就職先が決まらない／どこの大学（大学院）を受けたらよいかわからない／将来のためにいまは何をしておくべきか
　　ポイント解説……キャリアという言葉には，「どう生きるか」「どう自己実現するか」という意味がこめられています。また，進路選択の道筋には，①想像，②興味，③能力・適性，④現実条件があります。

(3) 友人領域

友達をもつことは人生において大切なことです。友達によって勇気づけられもしますが，いっぽうで傷つけられたりすることもあります。

　　話　題　例……仲間はずれにされた／借金を返してくれない／悪友とわかれたい／異性につきまとわれてこまっている
　　ポイント解説……友人関係の原理は3つあります。①心理的離乳（親ばなれ），②ギブ・アンド・テイク，③自己開示。

(4) グループ領域

グループへの参加が青少年にとってよい理由は2つあります。1つは，グループの決まりを守ることが自分の成長のたしになること。もう1つは，生きる元気のもとになることです。

　　話　題　例……グループがバラバラである／リーダーとして副リーダーとの連携がうまくいかない／グループの人間関係がよそよそしい

ポイント解説……リーダーの資質と留意点は4つあります。①グループの一人一人を大切にする，②えこひいきをしない，③クリアーな言い方を心がける，④自己開示をする。

(5) 関係修復領域

仲間の人間関係がうまくいかないとき，それをやわらげるために仲裁役をかって出ることも，ピアヘルパーの大切な仕事です。

話　題　例……クラスで男子と女子の仲が悪い／サークルの上級生と下級生の仲が悪い／1人の人をめぐって2人がライバル関係である／いじめる，いじめられるの関係である

ポイント解説……ピアヘルパーが仲裁役をかって出るときの留意点は3つあります。①両者から介入の承諾を得る，②両者が勝ったと思うような対処を心がける，③完全な和解を期待しない。

(6) 心理領域

精神科や学生相談室に行くほどではないが，日常生活で気になること，腹の立つこと，気分がすぐれないことについて話し相手になることもピアヘルパーの仕事です。

話　題　例……生き甲斐がない／何をしたいのか自分でもわからない／学校をやめたい／親の言いなりになっているいまの生活がいやだ

ポイント解説……このような悩みに対して，ヘルピーの考え方を検討してみることも1つの方法です。検討のポイントは2つあります。①事実に基づいた考え方か，②論理的な考え方か。

2．ピアヘルピングの留意点（倫理綱領）

プロのカウンセラーには倫理規定があります。ピアヘルピングはボランティア活動ですからプロカウンセラーほどではありませんが，相手をヘルプする活動ですので，最低これだけは留意しておいたほうがよいと思われるルール（留意点）が3つあります。

(1) 守秘義務

守秘義務は「職業上知りえたことは，在職中はいうまでもなく，退職後も第三者にもらしてはならない」という職業倫理のナンバーワンにあげられているルールです。ピアヘルパーに話した内容がほかの人に知れてしまうようでは，安心して話すことができません。口の軽い人はとくに注意してください。

(2) 役割外のことはしないこと

「きみの悩みは気のせいだから，医者に行くほどのことではないよ」と，医者でもないピアヘルパーがアドバイスするのは職業倫理に反します。自分の活動許容範囲をこえるからです。ピアヘルピングは，診断めいたこと，解釈めいたことは言わずに，シェアリング（わかちあい）の精神で終始することです。

(3) 私的になりすぎないこと

ヘルパーとヘルピーという役割でつきあっているうちに，私的になりすぎて，お金を借りたり，デイトに誘ったりして，ヘルピーを利用してはいけません。幸福になりたくて相談に来た人を，ヘルピーが自分の幸福のために利用するのは契約違反だからです。

学業領域①

学業領域についてのグループワーク

この領域におけるヘルピーの悩みの理由と改善策を考えてみよう。

このワークの目的

思考・感情・行動のわくの拡大と修正

使う物　ワークシート（70ページ），筆記用具
時　間　35～45分
人　数　5～6人で1グループ
方　法　①下記の例を参考に，グループで話題を決めましょう。

> **話題例**
> ・授業がつまらなくてやる気がしない
> ・授業についていけない
> ・○○先生の授業を何とかしてほしい
> ・どこが重要で，どこが重要でないか区別できない

（これらを参考に，グループで1つ話題を決めましょう。）

②決まった話題について，ヘルピーの悩みの理由と改善策を自分で考えてみましょう。
　考えられることを5つ以上出してください（5分間）。
③今度は，グループで理由と改善策を話しあいましょう。
　ほかの人がどんなことを考えたかを聞きあいます（20分間）。
④各グループで話しあった内容を全体でシェアリングします（10分間）。

■**学業領域のポイント**

学業上の悩みにはおもなものが2つあります。1つは授業がつまらない。もう1つは授業についていけないことです。ピアヘルパーの仕事は，ヘルピーの悩みをよく聞くことから始まるのですから，学業上の悩みをよく整理して聞く態度が必要です。

学業領域②

学業領域についてのロールプレイ

ねらい

カウンセリングスキルトレーニング

使う物　評価票（44ページ），筆記用具
時　間　25～30分
人　数　3人で1グループ
方　法　①ジャンケンでA（ヘルパー），B（ヘルピー），C（観察者）を決めます。
　　　　②ヘルピーになった人は，相談する話題を下記を参考に決めます。決まったら，あとの2人にそれを伝えて状況を説明します。

> **話題例**
> ・授業がつまらなくてやる気がしない
> ・授業についていけない
> ・○○先生の授業を何とかしてほしい
> ・どこが重要で，どこが重要でないか区別できない

（自分がヘルピー役のときの話題を決めましょう。）

　　　　③ロールプレイをします（5分間）。
　　　　④終わったらシェアリングをします（3分間）。
　　　　　いまのロールプレイを振り返って，それぞれが評価票に記入します。次に，ヘルパー役・ヘルピー役をしてみて感じたこと，考えたことを，観察者のリードで話しあいましょう。
　　　　⑤役割を交代して，同様に2回目，3回目を行います。

ロ－テーション表		A（　　　）	B（　　　）	C（　　　）	
	1回目	ヘルパー	ヘルピー	観察者	5分
		シェアリング			3分
	2回目	観察者	ヘルパー	ヘルピー	5分
		シェアリング			3分
	3回目	ヘルピー	観察者	ヘルパー	5分
		シェアリング			3分

■学業領域のポイント

学業上の悩みにはおもなものが2つあります。1つは授業がつまらない。もう1つは授業についていけないことです。ピアヘルパーの仕事は，ヘルピーの悩みをよく聞くことから始まるのですから，学業上の悩みをよく整理して聞く態度が必要です。

進路領域①

進路領域についてのグループワーク

この領域におけるヘルピーの悩みの理由と改善策を考えてみよう。

このワークの目的

思考・感情・行動のわくの拡大と修正

使う物　ワークシート（70ページ），筆記用具
時　間　35〜45分
人　数　5〜6人で1グループ
方　法　①下記の例を参考に，グループで話題を決めましょう。

> **話題例**
> ・卒業してからどうするか
> ・就職先が決まらない
> ・どこの大学（大学院）を受けたらよいのか
> ・将来のために何をしておくべきか

（これらを参考に，グループで1つ話題を決めましょう。）

②決まった話題について，ヘルピーの悩みの理由と改善策を自分で考えてみましょう。
　考えられることを5つ以上出してください（5分間）。
③今度は，グループで理由と改善策を話しあいましょう。
　ほかの人がどんなことを考えたかを聞きあいます（20分間）。
④各グループで話しあった内容を全体でシェアリングします（10分間）。

■**進路領域のポイント**
何を専攻するか，どういう職種を選ぶかなどは，ヘルパー自身もかかえている問題なので共感しやすいかもしれません。

進路領域②

進路領域についてのロールプレイ

ねらい

カウンセリングスキルトレーニング

使う物　評価票（44ページ），筆記用具
時　間　25〜30分
人　数　3人で1グループ
方　法　①ジャンケンでA（ヘルパー），B（ヘルピー），C（観察者）を決めます。
　　　　②ヘルピーになった人は，相談する話題を下記を参考に決めます。決まったら，あとの2人にそれを伝えて状況を説明します。

> **話題例**
> ・卒業してからどうするか
> ・就職先が決まらない
> ・どこの大学（大学院）を受けたらよいのか
> ・将来のために何をしておくべきか

（自分がヘルピー役のときの話題を決めましょう。）

　　　　③ロールプレイをします（5分間）。
　　　　④終わったらシェアリングをします（3分間）。
　　　　　いまのロールプレイを振り返って，それぞれが評価票に記入します。次に，ヘルパー役・ヘルピー役をしてみて感じたこと，考えたことを，観察者のリードで話しあいましょう。
　　　　⑤役割を交代して，同様に2回目，3回目を行います。

<table>
<tr><td rowspan="6">ローテーション表</td><td colspan="2"></td><td>A（　　　）</td><td>B（　　　）</td><td>C（　　　）</td><td></td></tr>
<tr><td rowspan="2">1回目</td><td>ヘルパー</td><td>ヘルピー</td><td>観察者</td><td>5分</td></tr>
<tr><td colspan="3">シェアリング</td><td>3分</td></tr>
<tr><td rowspan="2">2回目</td><td>観察者</td><td>ヘルパー</td><td>ヘルピー</td><td>5分</td></tr>
<tr><td colspan="3">シェアリング</td><td>3分</td></tr>
<tr><td rowspan="2">3回目</td><td>ヘルピー</td><td>観察者</td><td>ヘルパー</td><td>5分</td></tr>
<tr><td colspan="3">シェアリング</td><td>3分</td></tr>
</table>

■進路領域のポイント

何を専攻するか，どういう職種を選ぶかなどは，ヘルパー自身もかかえている問題なので共感しやすいかもしれません。

友人領域についてのグループワーク

この領域におけるヘルピーの悩みの理由と改善策を考えてみよう。

このワークの目的

思考・感情・行動のわくの拡大と修正

使う物　ワークシート（70ページ），筆記用具
時　間　35〜45分
人　数　5〜6人で1グループ
方　法　①下記の例を参考に，グループで話題を決めましょう。

> **話題例**
> ・仲間はずれにされた
> ・友人がいない
> ・ノートを返してくれない
> ・借金を返してくれない
> ・悪友とわかれたい
> ・異性につきまとわれてこまっている

（これらを参考に，グループで1つ話題を決めましょう。）

②決まった話題について，ヘルピーの悩みの理由と改善策を自分で考えてみましょう。
　考えられることを5つ以上出してください（5分間）。
③今度は，グループで理由と改善策を話しあいましょう。
　ほかの人がどんなことを考えたかを聞きあいます（20分間）。
④各グループで話しあった内容を全体でシェアリングします（10分間）。

■**友人領域のポイント**
友人関係の原理は3つあります。①心理的離乳（親ばなれ），②ギブ・アンド・テイク，③自己開示です。

友人領域②

友人領域についてのロールプレイ

ねらい

カウンセリングスキルトレーニング

使う物　評価票（44ページ），筆記用具
時　間　25〜30分
人　数　3人で1グループ
方　法　①ジャンケンでA（ヘルパー），B（ヘルピー），C（観察者）を決めます。
　　　　②ヘルピーになった人は，相談する話題を下記を参考に決めます。決まったら，あとの2人にそれを伝えて状況を説明します。

> **話題例**
> ・仲間はずれにされた
> ・友人がいない
> ・ノートを返してくれない
> ・借金を返してくれない
> ・悪友とわかれたい
> ・異性につきまとわれてこまっている

自分がヘルピー役のときの話題を決めましょう。

　　　　③ロールプレイをします（5分間）。
　　　　④終わったらシェアリングをします（3分間）。
　　　　　いまのロールプレイを振り返って，それぞれが評価票に記入します。次に，ヘルパー役・ヘルピー役をしてみて感じたこと，考えたことを，観察者のリードで話しあいましょう。
　　　　⑤役割を交代して，同様に2回目，3回目を行います。

<table>
<tr><td rowspan="7">ローテーション表</td><td></td><td>A（　　　）</td><td>B（　　　）</td><td>C（　　　）</td><td></td></tr>
<tr><td rowspan="2">1回目</td><td>ヘルパー</td><td>ヘルピー</td><td>観察者</td><td>5分</td></tr>
<tr><td colspan="3">シェアリング</td><td>3分</td></tr>
<tr><td rowspan="2">2回目</td><td>観察者</td><td>ヘルパー</td><td>ヘルピー</td><td>5分</td></tr>
<tr><td colspan="3">シェアリング</td><td>3分</td></tr>
<tr><td rowspan="2">3回目</td><td>ヘルピー</td><td>観察者</td><td>ヘルパー</td><td>5分</td></tr>
<tr><td colspan="3">シェアリング</td><td>3分</td></tr>
</table>

■**友人領域のポイント**

友人関係の原理は3つあります。①心理的離乳（親ばなれ），②ギブ・アンド・テイク，③自己開示です。

グループ領域①

グループ領域についてのグループワーク

この領域におけるヘルピーの悩みの理由と改善策を考えてみよう。

このワークの目的

思考・感情・行動のわくの拡大と修正

使う物　ワークシート（70ページ），筆記用具
時　間　35～45分
人　数　5～6人で1グループ
方　法　①下記の例を参考に，グループで話題を決めましょう。

> **話題例**
> ・グループがバラバラである
> ・リーダーとして副リーダーの人との連携について
> ・グループの人間関係がよそよそしい

（これらを参考に，グループで1つ話題を決めましょう。）

②決まった話題について，ヘルピーの悩みの理由と改善策を自分で考えてみましょう。
　考えられることを5つ以上出してください（5分間）。
③今度は，グループで理由と改善策を話しあいましょう。
　ほかの人がどんなことを考えたかを聞きあいます（20分間）。
④各グループで話しあった内容を全体でシェアリングします（10分間）。

■**グループ領域のポイント**
グループへの参加が青少年にとってよい理由は2つあります。①グループの決まりを守ることが自分の成長のたしになること，②生きる元気のもとになること。

グループ領域②

グループ領域についてのロールプレイ

ねらい

カウンセリングスキルトレーニング

使う物　評価票（44ページ），筆記用具
時　間　25〜30分
人　数　3人で1グループ
方　法　①ジャンケンでA（ヘルパー），B（ヘルピー），C（観察者）を決めます。
　　　　②ヘルピーになった人は，相談する話題を下記を参考に決めます。決まったら，あとの2人にそれを伝えて状況を説明します。

> **話題例**
> ・グループがバラバラである
> ・リーダーとして副リーダーの人との連携について
> ・グループの人間関係がよそよそしい

（自分がヘルピー役のときの話題を決めましょう）

③ロールプレイをします（5分間）。
④終わったらシェアリングをします（3分間）。
　いまのロールプレイを振り返って，それぞれが評価票に記入します。次に，ヘルパー役・ヘルピー役をしてみて感じたこと，考えたことを，観察者のリードで話しあいましょう。
⑤役割を交代して，同様に2回目，3回目を行います。

ローテーション表		A（　　　）	B（　　　）	C（　　　）	
	1回目	ヘルパー	ヘルピー	観察者	5分
		シェアリング			3分
	2回目	観察者	ヘルパー	ヘルピー	5分
		シェアリング			3分
	3回目	ヘルピー	観察者	ヘルパー	5分
		シェアリング			3分

■**グループ領域のポイント**
グループへの参加が青少年にとってよい理由は2つあります。①グループの決まりを守ることが自分の成長のたしになること，②生きる元気のもとになること。

関係修復領域についてのグループワーク

この領域におけるヘルピーの悩みの理由と改善策を考えてみよう。

このワークの目的

思考・感情・行動のわくの拡大と修正

使う物　ワークシート（70ページ），筆記用具
時　間　35〜45分
人　数　5〜6人で1グループ
方　法　①下記の例を参考に，グループで話題を決めましょう。

> **話題例**
> ・クラスで男子と女子の仲が悪い
> ・サークルの上級生と下級生の仲が悪い
> ・1人の人をめぐって，2人がライバル関係である
> ・いじめる，いじめられるの関係である

これらを参考に，グループで1つ話題を決めましょう。

②決まった話題について，ヘルピーの悩みの理由と改善策を自分で考えてみましょう。
　考えられることを5つ以上出してください（5分間）。
③今度は，グループで理由と改善策を話しあいましょう。
　ほかの人がどんなことを考えたかを聞きあいます（20分間）。
④各グループで話しあった内容を全体でシェアリングします（10分間）。

■**関係修復領域のポイント**
ピアヘルパーが仲裁役をかって出るときの留意点が3つあります。①両者からの介入の承諾を得ること，②両者が勝ったと思うような対処を心がけること，③完全な和解を期待しないこと。

関係修復領域②

関係修復領域についてのロールプレイ

ねらい

カウンセリングスキルトレーニング

使う物　評価票（44ページ），筆記用具
時　間　25〜30分
人　数　3人で1グループ
方　法　①ジャンケンでA（ヘルパー），B（ヘルピー），C（観察者）を決めます。
　　　　②ヘルピーになった人は，相談する話題を下記を参考に決めます。決まったら，あとの2人にそれを伝えて状況を説明します。

> **話題例**
> ・クラスで男子と女子の仲が悪い
> ・サークルの上級生と下級生の仲が悪い
> ・1人の人をめぐって，2人がライバル関係である
> ・いじめる，いじめられるの関係である

（自分がヘルピー役のときの話題を決めましょう）

　　　　③ロールプレイをします（5分間）。
　　　　④終わったらシェアリングをします（3分間）。
　　　　　いまのロールプレイを振り返って，それぞれが評価票に記入します。次に，ヘルパー役・ヘルピー役をしてみて感じたこと，考えたことを，観察者のリードで話しあいましょう。
　　　　⑤役割を交代して，同様に2回目，3回目を行います。

<table>
<tr><th rowspan="7">ローテーション表</th><th></th><th>A（　　　）</th><th>B（　　　）</th><th>C（　　　）</th><th></th></tr>
<tr><td rowspan="2">1回目</td><td>ヘルパー</td><td>ヘルピー</td><td>観察者</td><td>5分</td></tr>
<tr><td colspan="3">シェアリング</td><td>3分</td></tr>
<tr><td rowspan="2">2回目</td><td>観察者</td><td>ヘルパー</td><td>ヘルピー</td><td>5分</td></tr>
<tr><td colspan="3">シェアリング</td><td>3分</td></tr>
<tr><td rowspan="2">3回目</td><td>ヘルピー</td><td>観察者</td><td>ヘルパー</td><td>5分</td></tr>
<tr><td colspan="3">シェアリング</td><td>3分</td></tr>
</table>

■**関係修復領域のポイント**

ピアヘルパーが仲裁役をかって出るときの留意点が3つあります。①両者からの介入の承諾を得ること，②両者が勝ったと思うような対処を心がけること，③完全な和解を期待しないこと。

心理領域①

心理領域についてのグループワーク

この領域におけるヘルピーの悩みの理由と改善策を考えてみよう。

このワークの目的

思考・感情・行動のわくの拡大と修正

使う物　　ワークシート（70ページ），筆記用具
時　間　　35～45分
人　数　　5～6人で1グループ
方　法　　①下記の例を参考に，グループで話題を決めましょう。

> **話題例**
> ・生き甲斐がない
> ・何をしたいのか自分でもわからない
> ・学校をやめたい
> ・家出したい
> ・親の言いなりになっているいまの生活がいやだ
> ・だれかに頼っていないと落ちついていられない
> ・兄弟（姉妹）の仲が悪い

これらを参考に，グループで1つ話題を決めましょう。

②決まった話題について，ヘルピーの悩みの理由と改善策を自分で考えてみましょう。
　考えられることを5つ以上出してください（5分間）。
③今度は，グループで理由と改善策を話しあいましょう。
　ほかの人がどんなことを考えたかを聞きあいます（20分間）。
④各グループで話し合った内容を全体でシェアリングします（10分間）。

■**心理領域のポイント**
精神科や学生相談室に行くほどではないが，日常生活で気になること，腹の立つこと，気分がすぐれないことについて話し相手になることもピアヘルパーの仕事です。

心理領域②

心理領域についてのロールプレイ

ねらい

カウンセリングスキルトレーニング

使う物　評価票（44ページ），筆記用具
時　間　25～30分
人　数　3人で1グループ
方　法　①ジャンケンでA（ヘルパー），B（ヘルピー），C（観察者）を決めます。
　　　　②ヘルピーになった人は，相談する話題を下記を参考に決めます。決まったら，あとの2人にそれを伝えて状況を説明します。

> **話題例**
> ・生き甲斐がない
> ・何をしたいのか自分でもわからない
> ・学校をやめたい
> ・家出したい
> ・親の言いなりになっているいまの生活がいやだ
> ・だれかに頼っていないと落ちついていられない
> ・兄弟（姉妹）の仲が悪い

自分がヘルピー役のときの話題を決めましょう

　　　　③ロールプレイをします（5分間）。
　　　　④終わったらシェアリングをします（3分間）。
　　　　　いまのロールプレイを振り返って，それぞれが評価票に記入します。次に，ヘルパー役・ヘルピー役をしてみて感じたこと，考えたことを，観察者のリードで話しあいましょう。
　　　　⑤役割を交代して，同様に2回目，3回目を行います。

ローテーション表		A（　　　）	B（　　　）	C（　　　）	
	1回目	ヘルパー	ヘルピー	観察者	5分
		シェアリング			3分
	2回目	観察者	ヘルパー	ヘルピー	5分
		シェアリング			3分
	3回目	ヘルピー	観察者	ヘルパー	5分
		シェアリング			3分

■**心理領域のポイント**
精神科や学生相談室に行くほどではないが，日常生活で気になること，腹の立つこと，気分がすぐれないことについて話し相手になることもピアヘルパーの仕事です。

各領域共通

グループワークシート

学科（　　　　　　　）　氏名（　　　　　　　　　　　　　）
グループメンバー（　　　　　　　　　　　　　　　　　　　　　）

領域（　　　　　　　　）　　話題（　　　　　　　　　　　　　　　　　　）

1．自分で考えたことを5つ以上書きましょう。

自分の考え（理由）	自分の考え（改善策）
①	①
②	②
③	③
④	④
⑤	⑤
・	・
・	・
・	・

ポイント！
①思いついたことをどんどん出すこと。
②出されたアイデアは批判しないこと。

2．グループの人の考えを聞きあいましょう。

グループの人の考え（理由）	グループの人の考え（改善策）
①	①
②	②
③	③
④	④
⑤	⑤
・	・
・	・
・	・

＊自分の考えとグループの人の考えが一致していたものには○をつけてください。

3．このワークで考えたこと，気づいたことを書いてください。

グループワークシート

(記入例)

学科（ ××× ）　氏名（ ×× 花子 ）
グループメンバー（ ○○○　△△△　□□□　☆☆☆ ）

領域（ 学業領域 ）　話題（ 授業についていけない ）

1. 自分で考えたことを5つ以上書きましょう。

自分の考え（理由）
① 授業の進め方が速すぎる
○② わからないところがある
③ 先生が一方的に授業をする
④ できる人だけを中心に授業をする
○⑤ 難しすぎる

自分の考え（改善策）
① 予習と復習をする
② わからないところは聞きにいく
③ 授業はみんなでするという雰囲気をつくる
④ みんなに合わせてほしいと先生に言う
⑤ 予習復習をしたり
　わからないと先生に言う

> ポイント！
> ①思いついたことをどんどん出すこと。
> ②出されたアイディアは批判しないこと。

2. グループの人の考えを聞き合いましょう。

グループの人の考え（理由）
① 話すだけで黒板に書いてくれない
② 先生がきらい
③ 要点をまとめられない
④ やる気のない人がそばにいる
⑤ 授業中に私語している

グループの人の考え（改善策）
① 黒板に書いてくれるように頼む
② 先生のいいところを見つけるよう努力する
③ 予習復習する
④ やる気のない人から離れてみる
⑤ 授業に集中する

＊自分の考えとグループの人の考えが一致していたものには○をつけてください。

3. このワークで考えたこと、気づいたことを書いてください。

> 授業についていけない理由は先生にもあるけれど、自分にもあることがわかりました。私語をしていたら聞こえないと思うし、一方的な授業なら学生はわからなくなってしまいます。お互いに考えて授業を進めていくことが大切だと思いました。あと、グループの考えもたくさん出たのでよかったと思います。

第4章 テスト対策問題

本章では，試験対策として練習問題に取り組んでください。

始める前に一つだけ知っておいていただきたいことがあります。それは，「ピアヘルパーの認定試験は，『受験者を落とすための試験』ではない」ということです。みなさんが認定試験に取り組む中で大切な事項を確認し，理解を深められるようにという意図ですべての問題がつくられています。つまり，受験者を「励ます試験」「育てる試験」なのです。

このことを念頭に置きつつ，どうぞ勉強をつづけてください。

74	**練習問題**
77	**試験対策問題** 　選択式問題 　記述式問題
81	**認定試験について**

■練習問題

※問1～3を復習するには，ピアヘルパーハンドブックのP16～21を参考にしましょう。

問1 次の文章の中から，不適切なものを1つ選びなさい。

1 ピアヘルピングは，「カウンセリングの日常生活版」または「カウンセリングの大衆化運動」といえる。
2 カウンセリングの起こりは，まず臨床心理学と心理療法である。
3 アメリカでは，スクールカウンセラーは治療者（セラピスト）でも学校臨床心理士でも学校心理療法家でもない。「認定された教育の専門家（certified professional educator）」と定義されている。
4 カウンセリング心理学は，その起こりから考えてもわかるように，臨床心理学の分派でも下位概念でもない。

〈解答〉2
　カウンセリングの起こりは，職業指導運動，精神衛生運動，精神測定運動の3つです。

問2 次の文章の中から，適切なものを1つ選びなさい。

1 カウンセリングとは，「言語的コミュニケーションのみを通して行動の変容を試みること」である。
2 カウンセリングの目的である「行動の変容」には，「直接の行動を変える」「思考を変える」「感情を変える」の3つがある。
3 カウンセリングの方法には言語的および非言語的コミュニケーションがあるが，両方ではなく，相手に合わせてどちらか1つを選んで，それを徹底的に使うようにすべきである。
4 ヘルプする側とされる側は，「ひとりの人間として正直にホンネを語りあう」「ヘルプする役割とされる役割をはっきり自覚する」という2つのルールを守る必要は，まったくないと考えてよい。

〈解答〉2
　1　カウンセリングとは，「言語的および非言語的コミュニケーションを通して行動の変容を試みる人間関係」のことです。
　3　どちらか1つでなく，両方を使うことが大切です。
　4　この2つのルールは，ヘルプする側とされる側がお互いに守らねばならないものです。

問3 次の文章の中から，適切なものを1つ選びなさい。

1 カウンセリングとは，心理療法と同様に，人生の発達課題を解きつつ成長していくのを援助する人間関係のことである。
2 カウンセリングは，「教養・学歴・年齢を問わず，だれでもが人生で遭遇する問題に建設的に対処しながら成長するのを援助するもの」である。
3 アメリカのカウンセラーやカウンセリング心理学者は，「私は心理療法家である」「私は臨床心理学者である」という自覚を，すべての人がもっている。
4 カウンセリングの起こりを古い順から並べると，臨床心理運動，精神測定運動，職業指導運動となる。

〈解答〉2
1 心理療法は治療的色彩が濃いもので，カウンセリングとは別の歴史的な流れにあるものです。それに対してカウンセリングは，ここにあるような，予防・開発的色彩の濃い援助法なのです。
3 カウンセリング心理学は臨床心理学の分派や下位概念ではないので，上記のようなプロフェッショナル・アイデンティティ（職業上，学問上の自覚）をもたないのが普通です。
4 カウンセリングの起源は，職業指導運動，精神衛生運動，精神測定運動の3つです。このうちあとの2つは，職業指導運動が全米職業指導協会に発展し，それを母体とするアメリカカウンセリング学会誕生の過程で吸収されました。

※問4〜6を復習するには，ピアヘルパーハンドブックのP27〜39を参考にしましょう。

問4 次の文章の中から，ピアヘルパーの心がまえとして適切なものを1つ選びなさい。

1 ピアヘルパーはプロフェッショナルカウンセラーではないから，自分がヘルピーの役に立っているかどうかにとらわれないで，自分がヘルピングを楽しめるかどうかをまず第一に考えるべきだ。
2 ヘルピーとの心理的距離を読みとるツボは，「こちらが伝えたことをよく覚えているか」「少し聞いただけでたくさん話してくれるか」「感情表出はあるか」「日時の約束を守ってくれるか」だけである。
3 ヘルピーの語ったことを整理して言って返す「繰り返し」は，リレーションづくりに必要ではない。
4 ヘルピーの言動を支持できないと感じたときは，お世辞や社交辞令で支持したりせずに，「なるほどねえ」とか「そんなこともあるでしょうね」という程度にしておくほうが，むしろ誠実である。

〈解答〉4
1 ヘルピングは社交ではありません。楽しいかどうかではなく，相手にとって役に立っているかどうかを自問自答しながら，意識して自分の言動を選ぶ必要があります。
2 このほかに「かなりプライベートな事柄を語っているか」なども，ヘルピーの信頼のどあいを読みとるツボです。
3 「繰り返し」により，ヘルピーは「自分のことをわかってもらえた」と感じますから，リレーションづくりに必要です。

問5　次の文章の中から，ピアヘルピングのプロセスとして適切なものを1つ選びなさい。

1　リレーションがあるだけではどうしようもない場合は，一気に「問題の解決」へとヘルピーを誘導しなければならない。
2　何が問題なのかを把握するために必要なものは，「who」「what」「when」「why」「where」の5Wだけである。
3　問題が把握できても，ヘルピー自身の力ではどうにもならない場合には，「ケースワーク」「コンサルテーション」「ピアスーパービジョン」「具申」「個別カウンセリング」のいずれかで対応すべきだ。
4　「パソコンの操作方法を知らない友人のために操作してあげる」は「ケースワーク」の例だが，「自分が実際にやって見せながら操作方法を教える」のは「ピアスーパービジョン」の例である。

〈解答〉4
1　リレーションが成立しただけではどうしようもない場合は，まず何が問題かをつかむ必要があります。
2　このほかに「how」も必要です。「5W1H」と覚えておくとよいでしょう。
3　「リファー」も大切です。ヘルパーの手に負えないときには，1人でかかえこまずにほかに援助を依頼しましょう。

問6　次の文章の中から，ピアヘルピングのプロセスとして適切なものを1つ選びなさい。

1　リレーションが成立すれば，ヘルピーの悩みは解決したも同然だ。
2　「リレーションづくり」の次の段階は，「問題の把握」でも「問題の解決」でもよい。
3　「リレーションづくり」や「問題の解決」が意識レベルで行われているのと同様に，「問題の把握」もつねに意識レベルでなされている。
4　ヘルピーの環境を変えたりスキルを身につけたりしても解決できない問題の場合には，個別的な対話でのぞんでみるとよい。

〈解答〉4
1　そういう例ばかりではありません。
2　「リレーションづくり」の次は「問題の把握」です。
3　「問題の把握」は潜在意識レベルでもなされます。コーヒーカップの曲線が「問題の把握」のところで下降しているのは，そういう意味です。

■試験対策問題

(選択式問題)

問1 ピアヘルパーに適した人がらについて述べた次の文章の中から，**不適切なもの**を1つ選びなさい。

1. 社交的な人が向いている。内向的な人は自己開示ができないから不向きである。
2. 自分のことを，基本的には「好き」と思える人が向いている。自己肯定と他者肯定とはかかわりがある。
3. 内向的で口下手でも，相手の話をよく聞き，相手の身になって考える誠意のある人ならば，大丈夫だ。
4. ピアヘルパーはカウンセラーとは違うが，カウンセリングも学ぶ意欲がある人が向いている。

〈解答〉1
　この問いの3にあるとおりです。

問2 ピアヘルピングの関係領域について述べた次の文章の中から，**不適切なもの**を1つ選びなさい。

1. ピアヘルパーは，面接室の中で心理療法を駆使して仲間を治療することはしない。
2. ピアヘルパーとは，日常生活に使えるカウンセリングの，実用的な部分を学習した人たちのことである。
3. ピアヘルパーは，「ひとりの人間として，互いに助けたり助けられたりの関係をもとうではないか」という思想に支えられている。
4. ピアヘルパーは，仲間に対して直接的に関与する場合と，間接的な関与にとどめたほうがよい場合を，識別しなくてよい。

〈解答〉4

問3 次の文の中から，**不適切なもの**を1つ選びなさい。

1. 現代のカウンセリングは，「治すカウンセリング」から「育てるカウンセリング」へと広がりをみせている。
2. 仲間へのヘルピングの際には，ピアヘルパーは相手の話を聞くよりも，どんどん質問と助言を繰り出すべきだ。
3. 心を育てるとは，思考，感情，行動における適切な反応のしかたを学習させることである。
4. 特定の理論や立場に固執しない方法を折衷主義という。

〈解答〉2

問4 次のような対応の中で、「ケースワーク」にあたるものを1つ選びなさい。
1 就職活動で敬語がうまく使えないという友人のために、模擬面接をしながら敬語の使い方を教えた。
2 「今朝のテレビで自分の悪口を言っていた」とうったえる友人の件で、学生相談室に連絡して委任した。
3 「キャンパス内に、同県人の友人がほしい」という友人に、そういう人を探してきて、紹介した。
4 サークル内の人間関係で悩んでいる友人の相談にのった。

〈解答〉3
ケースワークとは、相手の心そのものにふれないで、環境を修正して助けることです。1はピアスーパービジョン、2はリファー、4は個別カウンセリングです。

問5 次の中から、ヘルピングスキルを向上させる方法として<u>不適切なもの</u>を1つ選びなさい。
1 自分の対応方法のくせに気づくために、指導者から助言をしてもらった。
2 つねに自己を肯定するように心がけているとよい。
3 自己理解・他者理解とふれあい体験をするために、構成的グループエンカウンター（SGE）に参加する。
4 自分では実際に体験していないさまざまな場面に対応するために、ロールプレイで練習する。

〈解答〉2
自己を肯定してばかりではなく、謙虚な気持ちで自分を見つめることも必要です。

問6 次の中から、ピアヘルパーとして対話するときに心がけることを1つ選びなさい。
1 相手のことが嫌いであっても、好意をもっていることを必ず伝える。
2 相手の身になって、どうすればよいか一緒に考えようという姿勢が大事である。
3 自分の経験から、必ず何らかの助言をしなければならない。
4 相手の思考のみが変容する契機となるような対話を心がける。

〈解答〉2
4 相手の思考か感情か行動か、いずれかが変容する契機となる対話を心がけるべきです。

問7 次のような相談を受けた場合，ピアヘルパーとして深入りせず，学生相談室に連絡し委任したほうがよいものを1つ選びなさい。

1　「○○の分野がもっと勉強できるようなサークルはありませんか？」
2　「今朝，日本中で私の悪口を言っていました」
3　「私の場合，どこの研究室に入ったらよいのでしょうか？」
4　「友人とケンカをしたのですが，どうすれば仲直りできるでしょうか？」

〈解答〉2

問8 ピアヘルパーの活動や対応として適切なものを，次の中から1つ選びなさい。

1　サークル活動の世話人をかって出て，会員の参加意欲を高めるようなイベントをたくさん用意し，参加を義務づけて，活動を盛り上げる。
2　大学の後輩同士に対立が生じ，双方から「仲裁に入ってほしい」と依頼されても，あくまでも当事者同士で解決するように勧める。
3　相談する人も相談される自分も，時間があり余っているわけではないので，相談には「打てば響く」ように歯切れよく対応し，すばやく解決するように心がける。
4　自分が体験したことのない問題を相談され，支持や共感のレベルで対応していたが，自分の手に負える問題ではないと感じるようになったので，学生相談室に行くように勧めた。

〈解答〉4

問9 「授業についていけない」という問題をかかえたヘルピーへの対応として，不適切なものを次の中から1つ選びなさい。

1　どのようについていけないのか，ヘルピーの話をよく聞く。
2　授業を理解するために必要な知識があるかどうかを確認する。
3　授業についていくために役立ちそうな勉強のしかたを，ていねいに説明する。
4　時間のむだから，授業を受けるのをやめるように勧める。

〈解答〉4

（記述式問題）

問1 「折衷主義」について，60字以内で説明しなさい。

→折衷主義の説明は，ハンドブックのP25にあります。

〈解答例〉 複数のカウンセリング理論を，各カウンセラーが自分なりに統合して実践するような，特定理論に偏らない統合的立場のことをいう。（以上60字）

問2 「育てるカウンセリング」について，60字以内で説明しなさい。

→育てるカウンセリングの説明は，ハンドブックのP47にあります。

〈解答例〉 人生でだれもが遭遇する問題を乗り越えられることをめざして，多くは日常生活場面での人間関係を通して行われるカウンセリング。（以上60字）

問3 「開かれた質問」について，「閉ざされた質問」とのちがいもわかるように，60字以内で説明しなさい。

→「開かれた質問」についての説明は，ハンドブックのP61～62にあります。

〈解答例〉 「はい」「いいえ」で答えられる「閉ざされた質問」と違い，「はい」「いいえ」では答えられない聞き方。多くの情報が得られる。（以上60字）

問4 あなたが認定ピアヘルパーの資格をとりたいと思った理由は何ですか。あなたの考えを200字以内で書きなさい。

〈アドバイス〉 自分の率直な気持ちを見つめて，それをわかりやすくまとめながら書いてください。これが正解というものはありません。採点する側も，みなさんの解答を読みながら教えられることがたくさんあります。私たちは，受験したみなさんに「受けてよかった」と思ってもらえるような認定試験をつづけたいと思っています。

■認定試験について

1．資格取得の条件
　平成14年現在，ピアヘルパーの資格は加盟校でのみ取得できます。また，以下の2つの条件を満たすことが必要です。
　(1) 以下の3つの領域に関する授業を履修し，単位を取得すること。
　　　カウンセリング概論／カウンセリングの技法／青年期の諸問題
　(2) 日本教育カウンセラー協会の行う認定試験に合格すること。

2．認定試験
　平成14年現在，認定試験は加盟する各学校において年1回行っています。試験はマークシートによる選択問題と記述式の問題で構成されています。

3．合否の判定
　認定試験の結果を受け，単位の取得状況を加味して各学校より合否が通達されます。

4．その他
　「ピアヘルパー」の資格は日本教育カウンセラー協会で認定している資格です。ピアヘルパー習得後，2年間の実務経験を経て，「教育カウンセラー」の資格を受けることができます。
　問い合わせ先：日本教育カウンセラー協会事務局　Tel&Fax 03-3941-8049

付録

84	役割カードを使ったロールプレイ
90	学習のあゆみ
94	索引

役割カードを使ったロールプレイ

本書ではロールプレイを使ってたくさんの演習をします。ロールプレイを初めて行う場合,この役割カードを使って,ロールプレイのやり方そのものを練習するといいでしょう。ピアヘルパーをめざす学生の自学自習としてやりやすい方法です。

目　的　　カウンセリングスキルトレーニング

使う物　　カード（86〜89ページ），筆記用具
時　間　　20〜30分
人　数　　2人で1グループ
留意点　　・ヘルパー用のカードは,話しやすい態度のものと話しにくい態度のものにあらかじめ分けておきます。理由は,役割演技とはいえ,ネガティブなものを長く行うことは好ましくないからです。
　　　　　・カードは自分たちで作成したものを使ってもかまいません。

方　法　　①ジャンケンで勝った人がヘルパー役,負けた人がヘルピー役となります。
　　　　　②それぞれヘルパーカード,ヘルピーカードを1枚ずつ選びます。お互いにカードは見せないで,役のイメージづくりをします。
　　　　　③ロールプレイを行います。ヘルパーの役割が話しにくい態度の場合は30秒,話しやすい態度の場合は2分間です。
　　　　　④シェアリングをします（1分間）。
　　　　　　ヘルパー役はヘルピー役の,ヘルピー役はヘルパー役の,カードの条件を当てます。その後にカードを見せあい,感じたこと,考えたことを話しあいます。
　　　　　⑤役割を交代して,②から④を繰り返してください。

役割カードの作り方

次ページ以降にヘルパーカードとヘルピーカードの例を示しました。これらのカードは切り離してそのまま使うこともできます。また，自分たちで内容を考えてつくることもできます。

【役割カードについて】

①ヘルパーのカードは2種類あります。

　ヘルピーの話を聞く態度として　　　（話しやすい態度）（話しにくい態度）

②ヘルピーのカードは3種類あります。

　ヘルパーに話す話題として　　　　　（一般的な話題）（ネガティブな話題）（ポジティブな話題）

【カードに書く内容の例】

ヘルパーカード	ヘルピーカード
話しやすい態度 「話を聞いてくれている」という気持ちにヘルピーがなる聞き方 例　・相手の目を見て 　　・うなずきながら 　　・一生懸命な態度で 　　・やさしく，あたたか	**一般的な話題** あたりさわりのない普通の話題 例　・好きなスポーツ 　　・旅行 　　・映画 　　・趣味
	ネガティブな話題 マイナスの感情にふれる話題 例　・いやなこと 　　・好きでないスポーツ 　　・ムカついたこと 　　・キレたこと
話しにくい態度 「話を聞いてくれていない」という気持ちにヘルピーがなる聞き方 例　・えらそうに 　　・わずらわしく 　　・関心を示さず 　　・イライラと	**ポジティブな話題** プラスの感情にふれる話題 例　・楽しかったこと 　　・うれしかったこと 　　・自慢できること

【注意事項】

・カードの作成に際しては，参加するメンバーの状況を考慮して話題を決めましょう。

・ロールプレイが終わったあとまで，その役割や話題に引きずられないように注意してください。

ヘルパーカードの例

ヘルパーカード（話しにくい態度）	ヘルパーカード（話しやすい態度）
えらそうに聞く	相手をよく見て聞く
関心を示さず無視する態度で聞く	話題に合わせて聞く
退屈そうに聞く	まじめな態度で聞く
真剣に聞く（話しやすい態度）	好意をもって聞く
相手の目を見て聞く	関心を示して聞く

ヘルピーカードの例

ヘルピーカード （ポジティブな話題） 自分の長所について	ヘルピーカード （一般的な話題） スポーツの話題
ヘルピーカード （ネガティブな話題） 自分の短所について	ヘルピーカード （ポジティブな話題） 将来の夢について
ヘルピーカード （一般的な話題） 恋愛について	ヘルピーカード （一般的な話題） 友人関係について
ヘルピーカード （ネガティブな話題） 勉強(仕事)がいやだ	ヘルピーカード （ネガティブな話題） ムカついたこと
ヘルピーカード （ネガティブな話題） 人前に出るのが苦手	ヘルピーカード （一般的な話題） 好きな人のタイプ

付録

ヘルパーカード	ヘルパーカード
ヘルパーカード	ヘルパーカード
ヘルパーカード	ヘルパーカード
ヘルパーカード	ヘルパーカード
ヘルパーカード	ヘルパーカード

ヘルピーカード	ヘルピーカード
ヘルピーカード	ヘルピーカード
ヘルピーカード	ヘルピーカード
ヘルピーカード	ヘルピーカード
ヘルピーカード	ヘルピーカード

学習のあゆみ

学籍番号　　　　　　　　　氏名

Personal Information

ニックネーム

誕　生　日

趣　　　味

将来の夢

最近うれしかったこと

最近の私

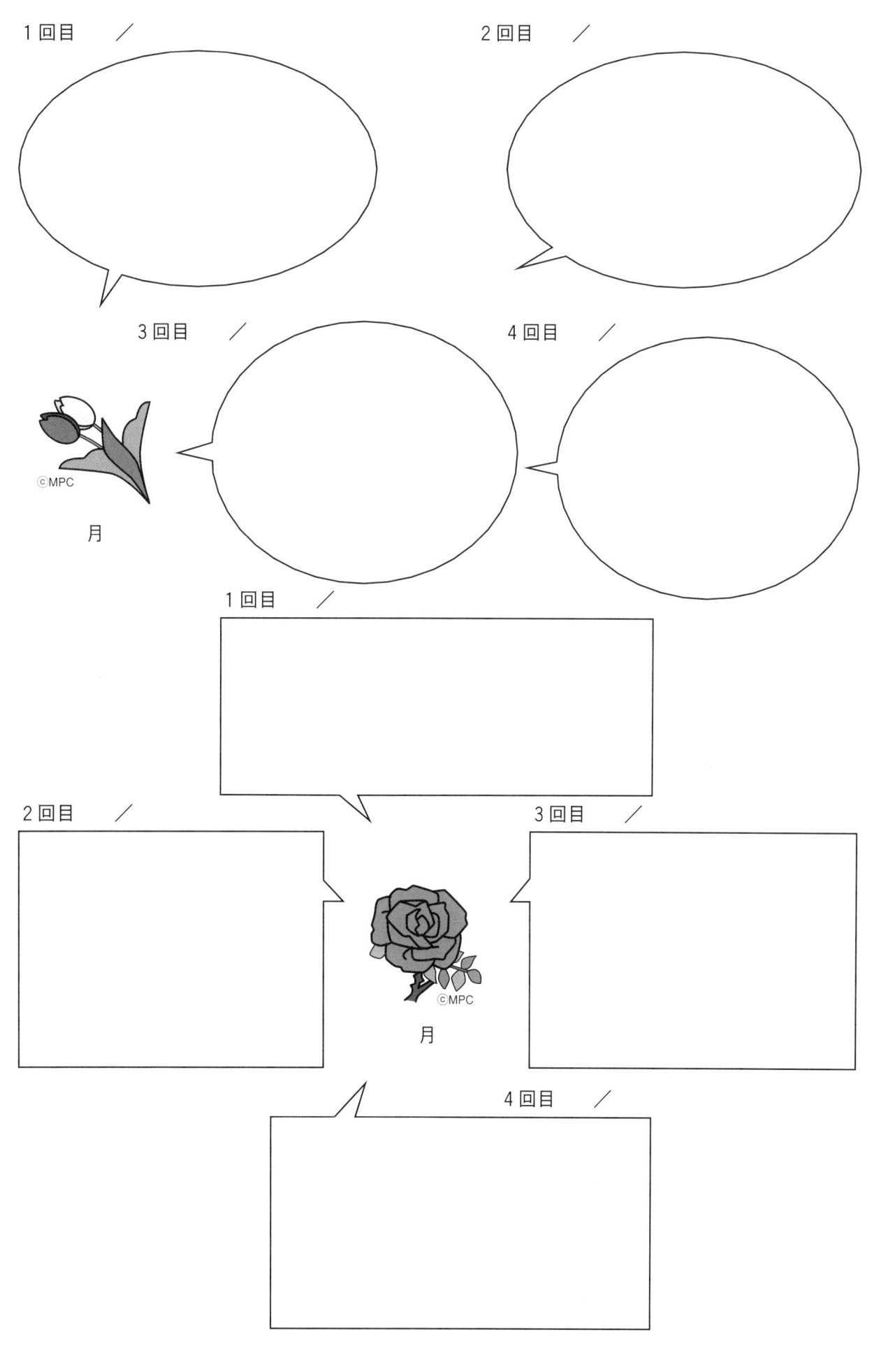

付録

1回目　／

2回目　／

3回目　／

4回目　／

月

1回目　／

2回目　／

3回目　／

月

4回目　／

付録

1回目　／
2回目　／
3回目　／
4回目　／

月

1回目　／
2回目　／
3回目　／
4回目　／

月

この授業を終えての感想

あなたが，考えたこと，感じたことを書いてください。

索引

以下の言葉についてワークブックの掲載ページを示します。〈 〉内はハンドブックのページです。これらはピアヘルパーの学習を進めるうえでのキーワードでもあります。

【ア行】

- イラショナル・ビリーフ　27
- エクササイズ　10〜21〈10〉
- エゴグラム　29
- エンカウンター　→構成的グループエンカウンター

【カ行】

- カウンセリング　8, 74〈16, 27〉
- カウンセリング心理学　〈19〉
- カウンセリングの定義　〈17〉
- カウンセリングの種類　〈22〉
- 学業領域　58〜59〈99, 104〉
- 関係修復領域　66〜67〈100, 129〉
- 具申　34〈37, 82〉
- 繰り返し　36, 40〈35, 53〉
- グループ領域　64〜65〈100, 122〉
- ケースワーク　34, 78〈37, 80〉
- ゲシュタルト療法理論　29〈25〉
- 言語的技法（受容・繰り返し・明確化・支持・質問）　35〜40〈52, 58〉
- 現実療法理論　29〈25〉
- 構成的グループエンカウンター（SGE）　10〜23〈10, 47, 92, 139, 141〉
- 行動理論　26〈25〉
- 交流分析理論　29〈25〉
- コーヒーカップ理論　30, 47〈38〉
- 個別ヘルピング　〈38, 83〉
- コンサルテーション　34〈37, 81〉

【サ行】

- サイコエジュケーション　〈23, 47〉
- シェアリング　21〈11〉
- 自己開示　23〈14, 42, 47, 119〉

自己理論　　　24〈25〉

支持　　　38，40〈35，58〉

実存主義理論　　　29〈15，25〉

質問　　　39，40〈34，60〉

守秘義務　　　57〈101〉

受容　　　35，40〈35，52〉

心理領域　　　68〜69〈100，135〉

心理療法　　　〈29〉

進路領域　　　60〜61〈99，110〉

スクールカウンセリング　　　〈19〉

スーパービジョン　　　〈93〉

精神分析理論　　　25〈25〉

折衷主義　　　29，80〈46〉

育てるカウンセリング　　　80

【タ行】

対話上の諸問題への対処法　　　48〜50〈71〉

特性・因子理論　　　〈25〉

閉ざされた質問　　　17，39，80〈61〉

【ナ行】

内観法理論　　　29〈25〉

【ハ行】

パーソナルカウンセリング（教育分析）　　　〈94〉

ピアスーパービジョン　　　34，78〈37，82〉

ピアヘルパー　　　48，79〈48〉

ピアヘルパーのパーソナリティ　　　49，77〈40〉

ピアヘルパーの心がまえ　　　51〜54〈85〉

ピアヘルピング　　　9，75〈16，48〉

ピアヘルピングのプロセス　　　30，76〈33〉

非言語的技法（視線・表情・ジェスチャー・身体接触・声の質量・服装・すわり方・時間厳守・
　歩き方・ことば遣い・あいさつ）　　　41〜42〈65〉

開かれた質問　　　39，80〈61〉

ビリーフ　　　〈114〉

【マ行】
　　明確化　　37, 40 〈55〉
　　問題の解決　　30 〈37〉
　　問題の把握　　30 〈36〉
　　問題への対処法　　34 〈78〉

【ヤ行】
　　友人領域　　62～63 〈99, 117〉
　　来談者中心療法　　24
　　ラショナル・ビリーフ　　27
　　リファー　　34, 78 〈37, 78〉
　　リレーション　　30 〈18, 33〉
　　臨床心理学　　〈19〉
　　倫理綱領　　57 〈101〉
　　ロールプレイ　　43～54, 59, 61, 63, 65, 67, 69, 83～89 〈91〉
　　論理療法　　27～28 〈25〉

【人名】
　　アルバート・エリス　　27
　　イワン・パブロフ　　26
　　ウィリアム・グラッサー　　29
　　ヴィクトール・フランクル　　29
　　エドワード・ソーンダイク　　26
　　エリック・バーン　　29
　　カール・ロジャーズ　　24
　　クラーク・ムスターカス　　29
　　國分康孝　　30
　　ジグムント・フロイト　　25
　　バルラス・フレデリック・スキナー　　26
　　フリッツ・パールズ　　29
　　吉本伊信　　29
　　ロロ・メイ　　29

あとがき
―――転ばぬ先のつえとしてのアドバイス―――

　ピアヘルパーを志す人は，心やさしい人だろうと推論します。ところが，この心やさしい人の「やさしさ」を拒否する人が世の中にはいます。そのことを知っておかないと，自己嫌悪や他者嫌悪にとりつかれてしまうことがあると思います。たとえば，ノートを貸してあげようと申し出たのに「けっこうです」と冷たく断られたり，本人にかわってガイダンスを受けに行ってその要約を伝えたのに「ありがとう」のひとこともなかったり……，というたぐいの体験をするかもしれないからです。

　つまり，世の中には人に甘えられない人がいるということです。俗にいう「しっかり者」「かわいげのない人」「とりつくしまのない人」「すきのない人」です。これらの人は何らかの事情で人に甘えることを自制しているのです。たとえば，①「人の世話になるべきではない」，②「人に甘えると相手もこちらに甘えてくるかもしれないので，さわらぬ神にたたりなしである」，③「人に依存するのは無能の証拠である。つまり，幼児的で恥ずかしいことである」などのビリーフをもっていることが理由として考えられます。

　アメリカ人の場合でも，「～してあげましょうか」と申し出たとき，待ってましたとばかりに「ありがとう」ととびついてくる人は少ないように思います。たいていの人が"If you want‥‥"「もしご迷惑でなければ……」とひかえめです。甘える自分に「待った」をかける心理が働くからです。同じことが日本人の若い世代についてもあり得ると思います。ですから，ピアヘルパーは「親切にしてあげたいのに……」と人をうらまないことです。むしろ，「世の中には人の好意を受け入れられない人もいるのだ」と，人間理解が少し深まったことをよろこんでほしいのです。

　ところで，適度に甘えることのできない人は「かわいげのない人」と敬遠されがちです。そこで，ピアヘルパーは「こういう学習というチャンスだからこそ」と，適度に人に甘える能力を養うことも大切です。すべての人間関係は相互依存ですから，人を寄せつけないような生き方はできればしないほうがいいように思います。つまり，私たちはみんな人様のおかげで生きているのです。ピアヘルパーの実践を通して，「人のおかげ」をありがたく受けられる人になっていただきたいのです。

　さて，仲間の中には甘えを素直に受けられない人がいると言いましたが，ヘルパーの中には親切の度が過ぎる人がいるかも知れません。つまり，心やさしさゆえの親切なのか，支配欲が強いための親切なのか，人恋しさが強いための親切なのかがわからない人がいます。このような人は，「人は私の好みのとおりに動くべきだ」というビリーフをもっているために親切だということがあります。

　ピアヘルパーが「世話やき屋」とか「深情け」と評されないためには，ヘルパー自身が自分なりに満足した生活の日々を送っていることです。たとえば，男女にかかわらず心を許せる友人がいる人は，ストーカーのようにしつこく親切を押し売りしないですみます。自分が孤独感をもてあましていると，自分のメンタルヘルスのために人とのつながりを強迫的に保ちたくなり，親切の押し売りをしてしまうのです（ただし，その思い入れが相手の自由をしばらない程度にとどめられるなら問題はありません）。

　そこで，ピアヘルパーはたえず自己点検することをお勧めします。思い入れが強いとは，①その人から予約のキャンセルが入るとがっかりする，②その人と会話をいつまでもつづけたくなる，③お世辞を言いたくなる（気に入られたくなる），などです。このような思いが生じるときは，自分の感情に気づきながら面接をすることです。気づいていると自分で自分をセーブできるのでがむしゃらにならないですみます。

　以上のことを，ピアヘルパーのみなさんの転ばぬ先のつえにしていただければ幸いです。

　　　　　　　　　　　　　　　　　　　　　　　　　　　　　　國分久子（青森明の星短期大学客員教授）

編著者紹介

ピアヘルパーワークブック編集委員会

ワークブック編集委員長

大友秀人（おおとも・ひでと）
青森明の星短期大学助教授。筑波大学大学院修士課程修了。高校教員20年，最後は札幌東陵高等学校教諭を経て現職に。日本教育カウンセラー協会北海道・青森支部長。
人間とは「人の間」，すなわち「つながり」感覚がピタッとします。ヘルピングでこの醍醐味を体感してください。私は何のために学ぶかという目的意識を明確にして，具体的な育てるカウンセリングの構築を考えています。

ワークブック編集委員

片野智治（かたの・ちはる）
跡見学園女子大学教授。筑波大学大学院カウンセリング専攻修士課程修了。武南高等学校教育相談主事，東京理科大学非常勤講師等を経て現職。日本教育カウンセラー協会埼玉県支部事務局長。日本カウンセリング学会常任理事。
ライフワークとして構成的グループエンカウンターの普及，教師サポート（シェアリング方式）のリーダー養成，SGE進路指導，そしてサイコエジュケーションの実践を考えています。

岡田　弘（おかだ・ひろし）
聖徳栄養短期大学助教授。筑波大学大学院カウンセリング専攻修士課程修了。埼玉県立八潮高等学校教諭，聖徳栄養短期大学講師を経て現職。日本カウンセリング学会理事。
ピアヘルパーはカウンセリングの基礎知識を智恵として実際の生活でヘルピングを実践する人です。このワークブックは智恵の源泉です。繰り返し繰り返し使ってこそ，湧き出でる泉の清冽さを知ることができます。

山田順子（やまだ・よりこ）
東京家政学院短期大学助教授，育児・心理コース主任。筑波大学大学院修士課程修了。1980年より現職。
「相談に…」「何となく話に…」と，学生さんがほんとうによく研究室に来てくれます。解決すべき問題を一緒に考えながら，私のほうも教えられ，また頼ってくれる学生さんたちがいることに励まされてきました。とても感謝しています。ありがとうみなさん！　これからもみなさんと一緒に，よきピアヘルパーをめざします。

鈴木由美（すずき・ゆみ）
聖徳大学助教授。筑波大学大学院カウンセリング専攻修士課程修了。和洋女子大学カウンセラー，上智大学カウンセリングセンター非常勤講師を経て2000年より現職。和洋女子大学では学生相談を約10年行った。現在，都留文科大学でも講師と学生相談室カウンセラーを行っている。
学生からの相談の中で一番多いのが友達関係の悩みです。ピアヘルパーになっていろいろな人と触れあいませんか。

```
[執筆分担箇所]
    第1章    カウンセリング概論
             構成的グループエンカウンター           岡田　弘
             カウンセリング理論                    鈴木由美
    第2章    カウンセリングスキル                  片野智治
    第3章    青年期の課題とピアヘルパーの留意点    大友秀人
    第4章    テスト対策問題                       山田順子
    付　録   役割カードを使ったロールプレイ        大友秀人
             学習のあゆみ                         鈴木由美
```

監修・編集協力者

> ピアヘルパーワークブック編集委員会顧問

國分久子（こくぶ・ひさこ）

青森明の星短期大学客員教授。日本教育カウンセラー協会評議員。日本カウンセリング学会理事。

千葉短期大学教授を経て現職に。関西学院大学卒業。ミシガン州立大学大学院修了。M.A.（児童学）。大学ではソーシャルワークを専攻したが，グループが苦手で霜田静志に精神分析的教育分析を受ける。その後，アメリカで児童心理療法とカウンセリングで修士号を取得。論理療法のA.エリスとC.ムスターカスに影響を受けた。

ピアヘルパーの学生へ一言…「なさけは人のためならず」。

> ピアヘルパー認定委員長

岸　俊彦（きし・としひこ）

明星大学名誉教授。ハワイ大学研究教授。日本教育カウンセラー協会常任理事。

早稲田大学大学院博士課程修了。文学博士。中学校教諭，高等学校教諭，都立教育研究所所員，都教育委員会指導主事，明星大学教授，日野市教育委員会教育委員を経て現職。

ピアヘルパーの学生へ一言…「どんなに心理学の本を読むより，単位を取るより，知識を増やすより，この本で練習すると，心理学が身につく。使わないナイフはさびる」。

> 特別協力者

國分康孝（こくぶ・やすたか）

東京成徳大学教授。日本教育カウンセラー協会会長。日本カウンセリング学会会長。

東京教育大学，同大学院修士課程を経て，ミシガン州立大学カウンセリング心理学博士課程修了。Ph.D.。現場の教師を志したが教育実習がうまくいかず挫折感をもつ。これが機縁で精神分析を受け，やがてカウンセリング心理学で学位を取る。自己イメージは同僚の評をとり「大和魂が星条旗の背広を着ている人間」。現在は日本中に教育カウンセラーを育てようと精力的に活動中。

ピアヘルパーの学生へ一言…「少にして学べば，壮にして成すあり」。

■日本教育カウンセラー協会とは

教育に生かせるカウンセリングの普及・定着をめざして1999年に設立され，2002年にＮＰＯ法人(特定非営利活動法人)に認定されました。教育カウンセラーの養成と資格認定を行っています。ピアヘルパーの資格をとったみなさんは，2年間の実務経験を経て初級・教育カウンセラーの資格へと移行できます。

問い合わせ先：日本教育カウンセラー協会事務局 Tel&Fax 03-3941-8049

ピアヘルパーワークブック

2002年9月2日	初版第1刷発行	[検印省略]
2024年11月20日	初版第33刷発行	

編集者	ⓒ日本教育カウンセラー協会
発行者	則岡秀卓
発行所	株式会社　図書文化社
	〒112-0012　東京都文京区大塚1-4-15
	Tel 03-3943-2511　Fax 03-3943-2519
	振替　00160-7-67697
	http://www.toshobunka.co.jp/
イラスト	株式会社　さくら工芸社
	株式会社　MPC（スクールイラスト集2）
印刷所	株式会社　加藤文明社
製本所	株式会社　駒崎製本所

JCOPY ＜出版者著作権管理機構　委託出版物＞

本書の無断複製は著作権法上での例外を除き禁じられています。
複製される場合は，そのつど事前に，出版者著作権管理機構
（電話03-5244-5088，FAX 03-5244-5089, e-mail: info@jcopy.or.jp）
の許諾を得てください。

乱丁・落丁本はお取り替えいたします。
定価は表紙に表示してあります。
ISBN　978-4-8100-2386-2　C3011

構成的グループエンカウンターの本

必読の基本図書

構成的グループエンカウンター事典
國分康孝・國分久子総編集　A5判　本体6,000円+税

教師のためのエンカウンター入門
片野智治著　A5判　本体1,000円+税

エンカウンターとは何か　教師が学校で生かすために
國分康孝ほか共著　B6判　本体1,600円+税

エンカウンター スキルアップ　ホンネで語る「リーダーブック」
國分康孝ほか編　B6判　本体1,800円+税

目的に応じたエンカウンターの活用

エンカウンターで保護者会が変わる　小学校編・中学校編
國分康孝・國分久子監修　B5判　本体 各2,200円+税

エンカウンターで不登校対応が変わる
國分康孝・國分久子監修　B5判　本体2,400円+税

エンカウンターでいじめ対応が変わる　教育相談と生徒指導のさらなる充実をめざして
國分康孝・國分久子監修　住本克彦編　B5判　本体2,400円+税

エンカウンターで学級づくりスタートダッシュ　小学校編・中学校編
諸富祥彦ほか編著　B5判　本体 各2,300円+税

エンカウンター　こんなときこうする！　小学校編・中学校編
諸富祥彦ほか編著　B5判　本体 各2,000円+税　ヒントいっぱいの実践記録集

どんな学級にも使えるエンカウンター20選・中学校
國分康孝・國分久子監修　明里康弘著　B5判　本体2,000円+税

どの先生もうまくいくエンカウンター20のコツ
國分康孝・國分久子監修　明里康弘著　A5判　本体1,600円+税

10分でできる　なかよしスキルタイム35
國分康孝・國分久子監修　水上和夫著　B5判　本体2,200円+税

多彩なエクササイズ集

エンカウンターで学級が変わる　小学校編　中学校編　Part1～3
國分康孝監修　全3冊　B5判　本体 各2,500円+税　　Part1のみ 本体 各2,233円+税

エンカウンターで学級が変わる　高等学校編
國分康孝監修　B5判　本体2,800円+税

エンカウンターで学級が変わる　ショートエクササイズ集　Part1～2
國分康孝監修　B5判　Part1:本体2,500円+税　Part2:本体2,300円+税

図書文化

ストップ！ いじめ連鎖・不登校スパイラル

今日から始める 学級担任のための アドラー心理学

勇気づけで共同体感覚を育てる

会沢信彦（文教大学教育学部教授）　岩井俊憲（ヒューマン・ギルド代表）編著

四六判　184頁　本体1,800円＋税

- 「勇気づけ」は，困難を克服する活力を与えること
- 教育実践への導入に最適な入門書

目次
- 第1章 アドラー心理学の考え方
- 第2章 子どもの不適切な行動の四つの目標
- 第3章 勇気づけ
- 第4章 共同体感覚
- 第5章 こんなときどうする

アドラー心理学が教育に生きる5つのポイント
1. アドラー心理学は，アルフレッド・アドラーが打ち立て，後継者たちが発展させ続けている心理学です。
2. アドラー心理学は，民主的な教育観に則っています。
3. アドラー心理学は，過去の原因探しをしない心理学です。
4. アドラー心理学は，勇気づけの心理学です。
5. アドラー心理学は，共同体感覚の育成をめざす心理学です。

図とイラストですぐわかる 教師が使える カウンセリングテクニック80

諸富祥彦 著　本体1,800円＋税　四六判　192頁

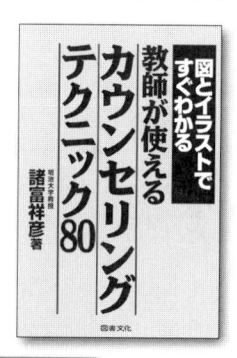

すぐにそのまま，明日から使えるテクニック

執筆者紹介
明治大学文学部教授。1963年福岡県生まれ。筑波大学，同大学院博士課程修了。教育学博士。千葉大学教育学部講師・助教授（11年）を経て現職。「現場教師の作戦参謀」として，抽象的ではない実際に役立つアドバイスを先生方に与えている。悩める教師を支える会代表。

テクニック80

教師の哲学（3）／教師は人間関係のプロでなければならない（7）／子どもの心がスッと前向きに変わる最強のカウンセリング技法（10）／学校で使えるグループアプローチ（19）／教育相談週間とアンケートと個別面接（5）／いじめ（5）／不登校（5）／特別支援教育（12）／保護者対応（6）／チーム支援（4）／生徒へのかかわりの根本姿勢（1）／メンタルヘルス（3）

〒112-0012　東京都文京区大塚1-4-15　http://www.toshobunka.co.jp/　**図書文化**　TEL. 03-3943-2511　FAX. 03-3943-2519　ブックライナーで注文可　0120-39-8899

友達をヘルプするカウンセリング
ピアヘルパーハンドブック 新版

JECA 特定非営利活動（NPO）法人
日本教育カウンセラー協会 編
A5判・160頁　●本体 **1,500**円（+税）

大学生・短大生向けに，ピアヘルパーとして身につけておくべき知識とスキルをまとめた初のテキストです。「ピアヘルパー」は日本教育カウンセラー協会の認定資格で，本テキストは加盟校にて実施される認定試験の出題範囲となっています。カウンセリングの基礎をやさしく学びたい場合の入門書としても最適です。

■おもな目次

第1章　カウンセリング概論　1　導入・構成的グループエンカウンター　2　カウンセリングの定義と略史と必要性　3　カウンセリングの種類　4　ピアヘルピングと近接領域の関係　5　ピアヘルピングのプロセス　6　ピアヘルパーのパーソナリティ　7　最近のカウンセリングの動向

第2章　カウンセリングスキル　1　ピアヘルピングの言語的技法①　2　ピアヘルピングの言語的技法②　3　ピアヘルピングの非言語的技法　4　対話上の諸問題への対処法　5　問題への対処法　6　ピアヘルパーの心がまえ　7　ヘルピングスキルの上達法

第3章　青年期の課題とピアヘルパーの留意点　1　ピアヘルパーの責任範囲と留意点　2　進路領域　3　学業領域　4　友人領域　5　グループ領域　6　関係修復領域　7　心理領域

●さらに「教育カウンセラー」をめざす人へ

新版 教育カウンセラー標準テキスト
初級編・中級編・上級編　　B5判●本体各 **3,300**円（+税）

教育カウンセリングとは，子どもが発達途上に経験する適応，学業，進路などの諸問題について，その解決をめざして行う予防，開発的な援助です。このテキストは，教育カウンセラーが「何を知っているか，何を知らないか」「何ができるか，何ができないか」を体系的に学ぶものです。

図書文化

※定価には別途消費税がかかります